知识产权法官论坛

# 著作权审判实务
## 探索与发展

◎白帆 著

知识产权出版社

全国百佳图书出版单位

—北京—

**图书在版编目（CIP）数据**

著作权审判实务：探索与发展 / 白帆著. — 北京：
知识产权出版社, 2025. 3. —（知识产权法官论坛）.
ISBN 978-7-5130-9746-8

Ⅰ. D923.414

中国国家版本馆CIP数据核字第2025JV4595号

责任编辑：李陵书　李芸杰　　　　　责任校对：潘凤越
封面设计：纺印图文　　　　　　　　责任印制：刘译文

**著作权审判实务：探索与发展**

白帆　著

| | | | |
|---|---|---|---|
| 出版发行： | 知识产权出版社 有限责任公司 | 网　　址： | http://www.ipph.cn |
| 社　　址： | 北京市海淀区气象路 50 号院 | 邮　　编： | 100081 |
| 责编电话： | 010-82000860 转 8165 | 责编邮箱： | lilingshu_1985@163.com |
| 发行电话： | 010-82000860 转 8101/8102 | 发行传真： | 010-82000893/82005070/82000270 |
| 印　　刷： | 三河市国英印务有限公司 | 经　　销： | 新华书店、各大网上书店及相关专业书店 |
| 开　　本： | 880mm×1230mm　1/32 | 印　　张： | 8.125 |
| 版　　次： | 2025 年 3 月第 1 版 | 印　　次： | 2025 年 3 月第 1 次印刷 |
| 字　　数： | 212 千字 | 定　　价： | 68.00 元 |

ISBN 978-7-5130-9746-8

# 序

　　在复杂多元的知识产权法领域，著作权法始终以其复杂性和趣味性并存的特点，吸引着无数法律人的目光。它既是艺术浪漫与历史厚重的载体，又随着国际条约的发展而不断演化，更在科技与社会日新月异的变革中，持续面临新问题与新挑战。著作权审判因此成为一项对法官要求极高的任务，它要求合格的审判者不仅要具备严密的逻辑思维能力、深厚的法学理论基础和丰富的实践经验，还需拥有国际化的视野及跨学科的素养，尤其是要具备敏锐的时代触觉，以应对复杂多变的现实需求。

　　我与白帆法官相识多年，我经常就实务中遇到的问题向其请教。作为法官，他审理过很多疑难复杂的知识产权案件，积累了丰富的审判经验；他勤于思考、善于总结，在繁忙的审判工作之余笔耕不辍，理论联系实际，发表了多篇案例分析与学术论文，广受关注和好评。

　　白帆法官希望我为其新作《著作权审判实务：探索与发展》撰写序言。作为一名曾经的普通法官，我自知能力、资格不够，奈何他多次请求，更为他的新作出版而高兴，故欣然答应下来。

　　《著作权审判实务：探索与发展》一书无疑是白帆法官在著作权审判实务领域深刻洞察与理解的集中展现。书中，他不仅系统梳理了自己在十多年著作权审判工作中遇到的常见问题，更对一系列复杂疑难问题进行了鞭辟入里的剖析。这种源于实践、归于实践，以及面对难题坚持不懈的钉钉子精神，正是法律人所应具备的宝贵职业品质。

尤为值得称道的是，本书不仅是对著作权实务问题的有力回应，更是对科技与社会发展变化的敏锐捕捉。白帆法官对当前著作权法领域的热点话题和学界争议进行了深刻思考，展现了其对时代脉搏的准确把握和对法律发展前瞻性的独到见解。同时，他对著作权法相关前沿问题、国际条约及域外法制的归纳介绍，相信不仅会拓宽读者的认知边界，也会为我国著作权法的完善与发展提供极具价值的参考。书中"笔者的话"部分，更是生动展现了其学术探索的艰辛历程，并增补了最新的理论与实务研究资料，令人深感敬佩。

作为一名拥有三十年知识产权审判经验的老法官，我深知撰写这样一部专著的艰辛与不易。白帆法官以其深厚的法学功底、丰富的审判经验及不懈的钻研精神，为我们呈现了一部极具学术价值与实践意义的佳作。我相信，此书必将对著作权理论和实务的发展有所裨益，对推动著作权法的发展产生积极影响。

在此，我衷心祝贺白帆法官专著的顺利出版，并期待他在未来的学术与实务研究中取得更多成就。愿他在知识产权司法保护工作中再创佳绩，为我国知识产权事业的发展贡献力量。

是为序。

陈锦川

全国审判业务专家

2024年12月21日冬至

目 录/CONTENTS

## 1 著作权主体的争议

## 2 著作权的传统客体辨析

## 3 著作权的新类型客体探讨

## 4　著作权与邻接权权利的理解

## 5　著作权的侵害与合理使用

# 1

# 著 作 权
# 主 体 的 争 议

# 1.1
# "猴子自拍照"的著作权

## ▶ 1.1.1 权利主体的障碍

　　早在2014年，几张猴子的照片引发了维基百科和英国摄影师间的版权大战——这些照片是猴子用英国摄影师的相机拍摄的。英国摄影师认为自己对这些照片享有版权，维基百科收录照片是侵权行为，而维基百科则坚称任何人对这些照片都没有版权，照片归属公共领域，任何人可免费使用。不得不承认，这几张"猴子自拍照"在清晰度、构图、用光等方面都非常好（图1为猴子自拍的多张照片中的一张），完全达到我国著作权法中"摄影作品"的创作高度，那么这些照片有著作权吗？如果有，享有权利的又是谁呢？猴子享有著作权吗？对于这个问题，维基百科认为"版权不能归非人所有"。的确，从我国现行法律出发，无论是根据民事一般法还是依据著作权法，动物都不能成为权利主体，其并没有权利能力，因此猴子是无法享有著作权的。对此我们还可以展开有益联想，即使明确规定了"动物不是物"、在保护动物这些可爱生灵上迈进了一大步的《德国民法典》，同样依然没有、也不可能把动物升格到民事主体的高度；此外大家对富翁将巨额遗产遗赠给爱犬的相关新闻也记忆犹新，但这是通过设立信托基金的方式操作的，简单地说就是把钱交给专人维持，保证有钱可以雇人照顾其爱犬，而并不是直接使其爱犬获得遗赠财产的财产权。

英国摄影师有著作权
吗？答案是没有。因为根据
《著作权法》第十一条的规
定，著作权属于作者，而作
者是创作作品的自然人。本
案中英国摄影师并没有任何

图1　猴子自拍照

的创作行为，一方面《著作权法实施条例》第三条第二款规定为他
人创作提供物质条件的不视为创作，另一方面"额头流汗"原则也
早已被摒弃了。

## ▶1.1.2 先占理论的尝试

英国摄影师可以从中获益吗？如果可以，我们可能想到的唯一
理由是"先占"。先占适用于有形财产似乎并不困难，但在一般情
况下无形财产却很难被先占，因为一方面很难找到无主的无形财产
（孤儿作品并不是无主，而只是主人难以查找）；另一方面当专利
权人抛弃专利权和著作权人抛弃著作财产权时，技术方案和作品便
自动进入了公共领域，任何人都可以自由、无偿使用，只有商标在
被抛弃后经过一段法定期间可被他人再次注册（不考虑商标附有著
作权等情况），这或许可以算是一种先占吧。

但本案恰恰是凭空出现无主无形财产的一种特例，即动物不能
成为"主"，而其"创作"的成果又达到作品的高度，可以成为合
格的无形财产。在这一情况下，如果满足"先占"的构成要件（对
无主动产基于所有的意思自主和平占有且不被法律禁止等），这种
无主无形财产似乎是可以被先占的，如英国摄影师对猴子自拍照的
占有和大象、猩猩、鹦鹉的主人对其画作的占有。基于先占获得的

并非著作权，因为著作权中包含了著作人身权，这是无法被抛弃、承继和先占的，而且动物的作品本来也没有蕴涵著作人身权。所以只能说先占后取得的是对该无形财产享有的财产权。

当然，信息被公开后无法通过"占有"而只能通过专有权进行控制，这显然是主张"先占"需要面临的巨大障碍。在缺乏创造者身份的情况下，如果想从著作权法的角度来包容这一权利，似乎只能考虑赋予"作品"先占者以邻接权（现代的邻接权早已超出了"作品传播者权"的范畴，而在向各类无独创性又需保护的客体伸展）。例如，德国赋予艺术水准高的"摄影作品"以著作权，而给予平庸的"照片"以邻接权。当然，立法者是否认为有必要专门给予这种无主无形财产的先占者以邻接权，那又是另外一回事了。

猴子自拍照归属公共领域吗？猴子自拍照是否如维基百科所说，一经创作或者一经公布，便自动"滑入"了公共领域呢？可以举个例子来说明，如城市有专门停放公共自行车的地方，而我又在路边拾获了一辆被抛弃的无主的自行车，此时我可以有两种选择，一是把自行车推到公共自行车停放场地供大家使用，二是独占该辆自行车归自己使用。用法律的语言来描述，就是在先占的构成要件中，要求占有人在主观上应具有所有（自主占有）的意思。由此得知，先占取得著作财产权后将照片发在网上和没有自主占有的意思而直接将照片发在网上，两者行为相同，但在法律上的意义却是完全不同的。本案中，如果只靠常理推测的话，结合英国摄影师后续的言行，笔者会倾向认定其具备先占的主观意图，但还应当结合其上传照片时的客观行为（说明、描述、署名、标明权利等）来综合分析。

### ▸ 1.1.3 照片之"美"的疑问

"猴子自拍照"之所以在著作权上引发较大争议，一个重要原因在于猴子拍出的照片符合我们对"摄影作品"的一切美好想象，即猴子拍出的照片是"美"的。作品之"美"的观念与要求已深入人心，不仅在理论界成为老生常谈，也频频见诸司法判决。甚至在大众观念中与"美"颇有距离的科学作品，也要论证其具有严谨、对称、和谐等科学之美。这真令笔者困惑不解。从一般人的角度发问，如果科学作品中的图形作品尚可对其点线面和整体布局等大加分析，那么一篇记录和分析某药物对小白鼠作用的论文，又美在何处呢？是反映科学严谨、辛勤的美，还是体现生命之大美？通过计算合成的第一张黑洞照片，其对一般公众产生的色彩与神秘之美，与对科学家产生的研究探寻之美，两者是否又有分别？

我们当然不能否认，在科学家眼中，科学研究的对象、过程及产物往往都是美的，如显微镜下的物质结构、草稿纸上的数学公式，都美得炫目。但是，这种"美"显然是因人而异的，它在法律上有何意义、对作品的认定与保护又有何影响呢？

"美"是判断作品独创性、认定其是否可受法律保护的要件吗？显然不是，也绝不能是。正因"美"或者说"美不美"具有极强的主观性，霍姆斯大法官在多年前便已认为不应由法官对"美"进行判断。正如外观设计专利"富有美感"的要求，也是指其装饰性、非功能性，而不需要审查员判断其"美"或"不美"。德国法学家雷炳德教授亦认为，受著作权法保护的科学技术类表述并不具有艺术作品的美学性，而是表达或阐述了科学或者技术方面的内容。[1]

强调作品之"美"可能具有两方面的意义：一是论证赋予并保护作品著作权的正当性，即只有"美"的东西才值得被保护；二是与外观设计一致，强调作品的非功能性。对第一点而言，一方面，从著作权的发展历史看，出版者在皇室特许不复存在时将作者推到

---

1 [德]M.雷炳德，《著作权法》，张恩民译，法律出版社2005年版，第145页。

台前，但此时保护作品的理由也只是为了维持作者生计与提供创作激励，而非人们受到作品之"美"的感召而自发对其进行保护，此后的浪漫主义作者观的核心也是"人"，而不是"美"；另一方面，对"美"与保护价值之间关系的判断，有时也是反直觉的，我们看到的既有被编辑退稿数十次的世界名著，也有穷困潦倒的画家死后才大放光彩的画作，还有如儿童涂鸦般的信手几笔却拍卖出上亿美元的天价，因此，对于"美不美""是不是值得保护的美"，又有谁能作出定论呢。对第二点而言，著作权法本身就包含实用艺术品相关理论，故此点的意义并不大。

综上，作品之"美"显然不能作为判断客体是否具有独创性及是否应提供保护的门槛，最多只能作为论证保护必要性与正当性的依据之一。在实践中，我们一方面在分析作品独创性时没有必要"言必称希腊"，尤其是对科学作品更是完全没有必要在"美"上牵强附会；另一方面更要警惕的是将"美"误作为保护标准，而落入前人早已探明的泥淖。

**笔者的话**

"猴子自拍照"事件于2014年前后发生在美国，除摄影师外，卷入诉讼的还有某动物权益保护组织，其意图代拍照的猕猴主张权利。自然，美国版权局和法院均认为，猴子拍的照片不受知识产权保护。然而在实践中正如有观点称，如果文中这位英国摄影师在拿到照片后不披露该照片是猴子自拍的，而是作为摄影作品作者径行对其主张著作权，又有谁会知道呢？

与这一问题相关的是当下对人工智能生成物可版权性的争议与讨论，本书会在后文做详细介绍，在此仅提及两个问题。一是主体问题，部分学者认为著作权法意义上的作品只能是人类智力创造的成果，因此动物和人工智能等"创作"的作品不能受著作权法保护，这一观点也为美国版权局与法院支持。二是本文的"先占说"主要是从传统民法角度出发的一种理论探讨，实际上和此后讨论人工智能生成物可版权性时支持者提出的"法人说（投资取得说）"等较为类似。其中在讨论非人类"作者"时，可以参阅吴汉东教授《论人工智能生产内容的可版权性：实务、法理与制度》[1] 一文。

## 1.2

# 关于"表演者"的争议与展开

随着《视听表演北京条约》的生效，对"表演者"权益的保护再一次得到关注，而实践中也出现了一些与此相关的问题和争议。

### ▸ 1.2.1 著作权法意义上的演员是否包含电影演员？

这个问题乍一看似乎是不言自明的，因为《著作权法实施条例》第五条第六项规定："表演者，是指演员、演出单位或者其他表演文学、艺术作品的人。"也就是说，表演文学、艺术作品的人即为表演者，法律并未对表演作品的更具体的类型、方式等进行任何限制。

但质疑者会认为，首先，与话剧不同，摄制电影并非对剧本等已有作品的再现，而是从无到有创作新作品（如电影作品）的过

---

1　吴汉东，"论人工智能生产内容的可版权性：实务、法理与制度"，载《中国法律评论》，2024年第3期，第113–129页。

程，因此并不属于单纯的对作品的表演；其次，《著作权法》规定的著作权权项中的表演权、合理使用中的表演已发表作品，以及表演者权中关于现场直播和公开传送现场表演的规定，都意味着"表演"是指公开表演作品，即面向不特定公众的现场表演，而摄制电影要经过剪辑、配音等一系列工序，最终才能完成电影作品的创作，显然不属于现场表演；最后，电影作品存在"吸收性"，即在电影作品整体使用时，其中包含的音乐、舞蹈等其他作品不得再单独主张著作权，而面对人数众多的演员更不应再单独赋予每个人以表演者权，否则将极不利于作品使用及传播。

对此，反驳观点则会认为，在即兴创作的情形下，目前也并没有否认作品作者同时也是该作品的表演者，因此表演和创作并不矛盾，也并非只能再现已有作品；而出于保存艺术家表演或提升表演记录品质等需要，目前也有许多作品表演是在无观众的情况下，在摄影棚、录音棚等专业场所录制，而且最终呈现的画面也很可能被编辑、加工过，但也不能因为没有"现场性"而否认其为对作品的表演。

## ▶ 1.2.2 直接操作道具再现作品的人是不是演员？

自然人在作品表演中的参与或介入方式大致可分为如下三类：一是通过自己的动作、表情、语言等直接参与表演，观众可直接辨认出演员；二是穿上全套戏服后参加表演，如京剧演员、电视剧《西游记》中孙悟空、卡通人物剧等，观众无法通过外貌直接识别表演者；三是自己并不出场，而是直接操作木偶、机器人、无人机等道具或设备进行表演。对前两类情形争议不大，但对第三种情况，即直接操作道具再现作品的人是不是演员尚存在争议。一种观点认为，著作权法中的演员仅指自然人，而不包括动物、卡通人物、机器人、木偶等，同时，在幕后的驯兽师、现实设备或虚拟人物的操控者等也不能成为"间接的表演者"。

在国际公约中寻找上述问题的答案时，笔者注意到如下一些有趣的现象：一是《保护文学和艺术作品伯尔尼公约》（以下简称《伯尔尼公约》）第三条第三款规定"电影作品的表演（the performance of a cinematographic work）"不构成出版，但从该条所列举的戏剧、音乐戏剧或电影作品的表演，音乐作品的演奏，文学作品的公开朗诵，美术作品的展出等情形可以看出，该条中"电影作品的表演"实际是指电影的放映。《伯尔尼公约》第十一条规定，戏剧作品、音乐戏剧作品和音乐作品的作者享有表演权；第十四条规定，将文学艺术作品转换为电影作品受改编或复制权控制。二是《保护表演者、录音制品制作者和广播组织的国际公约》（以下简称《罗马公约》）中规定"表演者"是指演员、歌唱家、音乐家、舞蹈家和表演、歌唱、演说、朗诵、演奏或以其他方式表演文学或艺术作品的其他人员。这一规定似乎体现出"自然人"和"表演作品"两方面的要求。三是《世界知识产权组织表演和录音制品条约》（WPPT）对"表演者"的定义与《罗马公约》基本一致，即指演员、歌唱家、音乐家、舞蹈家以及以表演、歌唱、演说、朗诵、演奏、表现或其他方式表演文学或艺术作品或民间文学艺术作品的其他人员；其中的"民间文学艺术作品"仍要求表演的对象为作品。四是《视听表演北京条约》更进一步规定，"表演者"系指演员、歌唱家、音乐家、舞蹈家以及对文学或艺术作品或民间文学艺术表达进行表演、歌唱、演说、朗诵、演奏、表现或以其他方式进行表演的其他人员，其中明确了可表演"民间文学艺术表达"；同时在脚注中也明确了表演者的定义涵盖凡对表演过程中创作的或首次录制的文学或艺术作品进行表演的人，即包括即兴表演。

从前述梳理情况看，一方面对电影演员是不是在表演文学艺术作品尚不明晰；另一方面虽有"以其他方式进行表演"的兜底性规定，但国际公约对表演行为的示例性规定均是演员以自身形象进行表演，并不包含所谓"间接表演"的情形。此外，同大陆法系国家争论演员是不是电影作品的作者一样，对演员形象相关权利的利用和维护等问题最好也采取书面合同方式事先约定；在2020年修正的《著作权法》中也增加了关于"职务表演"的规定。

**笔者的话**　　华东政法大学王迁教授曾参加过订立《视听表演北京条约》的2012年北京外交会议，对与表演者相关的著作权法问题感兴趣的读者，推荐进一步阅读王迁教授撰写的《〈视听表演北京条约〉释义》（北京联合出版公司，2020年7月第1版）和《〈著作权法实施条例〉相关术语解读及修改建议》（载《中国版权》2024年第1期）等文章。

## 1.3

# 类集体管理组织：争议与发展

此前一段时间，类集体管理组织（又称小集体管理组织、非法集体管理组织等）的诉讼主体资格问题在知识产权理论和实务界均引发了较大争议。因对法规规定的理解不同，各地法院甚至对此作出了相反的判决，而实践中出现的权利来源转化现象更增加了这一问题的复杂性。

## ▸ 1.3.1 基础：独占许可协议

类集体管理组织最初的权利来源系由著作权人将涉案作品的复制权、放映权、表演权等以独占许可方式授权其在实体（即线下）KTV经营领域进行许可和维权。对此有法院认为，对著作权进行独占许可为我国《著作权法》所允许，取得独占许可的被许可人得以以自己的名义行使权利并提起诉讼，对其不应进行限制；然而有法院认为，涉案独占许可授权协议主要授权内容与《著作权集体管理条例》第二条规定的著作权集体管理组织的管理活动在性质、内容等方面均无实质性差异，被许可人通过合同获得的权利性质与集体管理组织的权利类似，其以该合同为依据对涉案作品著作权进行管理并提起诉讼，实质是在行使著作权集体管理组织的相关职能及权利，违反了《著作权集体管理条例》第六条的规定，故其不应享有诉权。由此，基于前述两种不同的思路和理由，便会得出相反的结论。

笔者认为，这一争议实际上需要我们回答如下三个问题：一是类集体管理组织通过独占许可协议取得授权并提起诉讼是不是在行使著作权集体管理组织的相关职权；二是如果前一问题的答案为肯定，则基于法律规定应给予何种评价；三是人民法院对《著作权集体管理条例》是否可做选择性适用。

对于第一个问题，《著作权集体管理条例》第二条规定："本条例所称著作权集体管理，是指著作权集体管理组织经权利人授权，集中行使权利人的有关权利并以自己的名义进行的下列活动：（一）与使用者订立著作权或者与著作权有关的权利许可使用合同；（二）向使用者收取使用费；（三）向权利人转付使用费；（四）进行涉及著作权或者与著作权有关的权利的诉讼、仲裁等。"将类集体管理组织权利取得与行使的过程与前述规定一一对照，我们可以发现，权利人与类集体管理组织一般签订书面的独占许可协议，根据协议约定，类集体管理组织有权自行许可他人使用涉案作品，也有权以自己的名义提起诉讼，而其通过诉讼或非诉途径均是希望达到要求使用者支付使用费的最终目的，即使是诉讼所获得的损害赔偿，也是对使用费的填补；同时，虽然独占许可协议中对价金的计算和支付等可能没有明确约定，但权利人同意进行独占许可一定不会是无偿的，而无论是事前的一揽子支付还是事后的按比例分成，均可视为向权利人支付使用费。在实践中，这类独占许可使用的客体往往是同一或不同权利人的海量作品，更能体现出类集体管理组织对作品集合进行"管理"的特性。由此可见，类集体管理组织取得与行使权利确实与著作权集体管理活动极为类似。

此外笔者认为，本条采用了"……是指……"的表述，从立法学或者从逻辑学角度来讲，这明显是一个定义条款，其前件、后件应该是等价的，即互为充分必要条件的。所以在论证了类集体管理组织的行为同时满足后件的四个条件的情况下，很难想象何种解释方法能将其行为解释为不属于著作权集体管理活动，也很难想象在这四个条件之外还存在着其他的解释余地。

对于第二个问题，《著作权集体管理条例》第六条规定："除依照本条例规定设立的著作权集体管理组织外，任何组织和个人不得从事著作权集体管理活动。"何为"著作权集体管理活动"在前述第二条刚介绍过。将这两条条文结合进行体系解释，可以得出其中蕴含的法律后果："不得从事著作权集体管理活动"明确包括不得以自己的名义进行涉及著作权的诉讼，由此便否定了类集体管理组织的诉讼主体资格。需要注意的是，此处否定诉讼主体资格是直接基于行政法规对行为后果的明确规定，而不是对独占许可协议效力进行评价的结果，亦即并不涉及对诸如效力性强制性规定等的认定。

对于第三个问题，首先，《著作权集体管理条例》是国务院制定的行政法规，而法律和行政法规是人民法院在审理案件时必须适用的，并没有可以选择性适用的余地；其次，即使有学者认为该条例的规定超越了授权范围，或者与上位法相抵触，但在实践中根据我国《立法法》第一百零八条第二项的规定，仅全国人民代表大会常务委员会有权撤销（该法同时规定，最高人民法院认为行政法规同宪法或者法律相抵触的，可以向全国人民代表大会常务委员会书面提出进行审查的要求）；最后，关于独占使用许可的诉讼主体资格等问题，仅商标民事纠纷司法解释有相应规定。

在此必须说明，笔者作为法律共同体中的一员，深知民事主体意思自治、契约自由之精神，亦知在市场中引入竞争，尤其是充分竞争会给权利人与社会福祉带来何种益处，还知著作权法鼓励作品利用以促社会文化繁荣之宗旨，但仍认为法官面对前述问题并无可供选择的余地。对裁判者能够随意选择适用法律的观点，笔者深感惶恐并不敢苟同。

## ▶ 1.3.2 升级：转让协议

或许是因为收到的否定诉讼主体资格、驳回起诉的裁定地域不断扩展、数量不断增多，类集体管理组织也开始另寻对策，尤其希望通过改变权利来源，即将权利取得方式由前述独占许可直接变更为转让，来尝试重新获得诉讼主体地位（实践中也被称为"小权利人"[1]）。目前，这类转让协议正越来越多地出现在司法实践中。

作出这一推论，是因为笔者在审理案件过程中发现，这类重新

---

[1] "小权利人"的称呼来源于实践，主要系相对于管理海量作品的法定集体管理组织这一"大权利人"而言，该称呼本身不包含任何价值判断或否定含义，在此特别说明。

签订的转让协议可能存在如下几个典型特征：一是协议签订时间可能会在原独占使用许可协议尚在履行期间；二是权利类型和作品使用范围等与原独占许可协议一致，尤其仍限制在线下领域；三是对转让价款的数额和支付方式等仍不作明确约定；四是明显原样继承了原独占许可协议特有的一些表述，如受让人有权转授权、有权以自己名义提起诉讼等。这些特征似乎会使新转让协议与原独占许可协议出现惊人的相似，并进一步引发质疑。

目前需要我们回答的关键问题是，是否基于这类新的转让协议而认可类集体管理组织的诉讼主体资格。对此笔者认为，一方面，著作权领域的协议对作品使用范围进行细分非常常见，尤其是针对电影、音乐、美术等作品；另一方面，虽然《著作权法》第二十七条规定著作财产权转让合同的主要内容应包括转让价金，但即使合同未明确约定，运用《民法典》的相关规定也可以对此进行弥补，因此这些都不是能够影响或者可以否定转让协议效力的事由。故在法律法规对此并无效力性强制性规定时，我们应该认可转让协议的效力；而在法律没有其他禁止性规定的情况下，进而肯定受让人依据法律规定和合同约定所享有的著作财产权及相应的诉讼权利。

同时需要注意，在实践中为避免协议双方以合法形式掩盖非法目的，规避行政法规对非法集体管理的规制，对于前文谈到的一些自身存在疑点的转让协议，可以对其真实性进行进一步审查。如在某案中涉案著作权转让协议对转让价金并未明确约定，仅约定"转让金额及给付事项另行签订补充协议"，还对作品使用范围和方式、转授权、诉讼权利等进行了约定，与此前签订的独占许可协议约定完全一致；被告方对此明确提出疑问，进而否认协议的真实性。在此情况下，笔者认为可要求基于该协议主张权利的主体对转让协议的真实性提供相应证据进行补强，包括提交另行签订的补充协议和实际支付转让款的凭据等。

### ▶ 1.3.3 余论：实然与应然

写到这里，笔者基于现行法律法规，对类集体管理组织诉讼主体资格问题的个人观点其实已阐述得较为清楚了。但此前发生的英皇娱乐等会员退出音集协，音集协通知VOD生产商及KTV经营者删除6000多首音乐电视作品，并称将借助大数据著作权管理系统采取新的收费模式，音集协与代其收费的天合文化集团及其诸子公司之间经历了旷日持久的诉讼等一系列事件，又使我们不得不对前述问题重新进行思考和检视。笔者认为，前文所谈的是在实践中如何理解和适用法律的问题，或者说是"实然"的问题；而这些事件暴露出的则是引发争议的更深层次的原因，或者说关涉"应然"的问题。

在讨论"应然"问题时可能会采取事先视角或者事后视角。事先视角是前瞻的，从这一视角出发，我们关注的是立法者针对类集体管理组织诉讼主体资格制定的规则其目的是什么，在将来会产生什么影响，这往往会与政策和福利联系在一起，也会与法律工具主义或法律现实主义等相联系；而事后视角是回溯的，从这一视角出发，我们关注的是会员退会、歌曲下架、收费体系受到批评并因内部问题引发诉讼等是否体现了利益失衡、权利受损的弊病，这可能会与法律形式主义相联系。在这样的讨论中，视角的不同彰显了法律理论上结果论与道义论之间的重要理论分歧，也会凸显制度设计与运行中存在的现实矛盾。更具体地说，从事先视角出发，立法者赋予集体管理组织对作品进行管理的垄断权，是不是基于我国著作权运用和保护现状，以更好地帮助权利行使与作品利用，为权利人和使用者提供便利，最终促进著作权法立法目的的实现；而从事后视角出发，在集体管理制度运行中，曲库公开、许可谈判和收益分配等方面存在的问题是否会使人对制度的公正性，尤其是分配正义的实现产生怀疑，进而对法定垄断的必要性提出疑问。

最后笔者认为，"应然"问题固然决定着制度未来的发展与变革方向，但我们在讨论问题时不能只聚焦于此，应对当下亟待处理的"实然"问题给予足够的关照，交出体系与逻辑自洽的答卷。而判断"孰优孰劣"需要从权利人、使用者、管理组织和社会福祉等各方面综合评价，运用包括帕累托原则、社会福利函数、多变量系统中次优解等法经济学工具进行分析和测度，其过程也远没有那么简单。

**笔者的话**

在确定了"小权利人"的诉讼主体资格后，产生的后续问题是，对其侵权损害赔偿数额应如何确定？具体而言，是应当与法定集体管理组织一视同仁、无任何差别，还是应当考虑作品的市场占有率、贡献度、使用情况（点击率）、托管作品数（作品库数量）等因素综合确定？如果按后一方法确定，则对"小权利人"的赔偿额应当较法定集体管理组织要低，甚至会低很多。另外，随着音集协的大数据管理系统投入使用，也使对具体作品使用情况的精确计算成为可能。

# 2

## 著作权的
## 传统客体辨析

## 2.1

# 作品独创性认定标准的差异

---

在一件著作权侵权纠纷中[1]，原告主张被告未经许可使用了原告内容为"炒一辈子鹅　爱一个女人"的作品，要求被告在所有的门店撤除该图案，登报澄清事实，并赔偿原告经济损失及律师费合计112000元（图2、图3分别为原告作品和被告作品）。

图2　原告作品　　　　　　　　　图3　被告作品

▶ **2.1.1 一审法院观点**

一审法院认为，被诉侵权作品与原告主张权利的作品相比，并非单纯的复印、拓印，而是在艺术字体、造型和点缀上有所区别，进行了增添和修改，应当确定本案的案由为侵犯作品修改权纠纷。案涉作品在文字的基础上，以绘画的方式进行增添，具有独特的审美意义，应当认定为美术作品。经查被告曾经接触并使用原告的案涉作品。被告虽然提交了其使用的被诉侵权图案的作品登记，但是该登记晚于原告作品登记时间，被告作品与原告作品相比存在文字内容、读音完全相同，只是使用了不同的字体，并且在个别字的笔画上进行了变形处理，两者构成相似。综上，被告曾经实际接触案

---

1　案情详见贵州省高级人民法院（2022）黔民终1113号民事判决书。

涉作品，且未经原告许可在其店铺内使用修改后的近似作品，符合侵犯著作权的构成要件，应当承担相应的民事责任。据此判决被告立即停止侵权，并赔偿原告经济损失及合理开支10000元。

## ▶ 2.1.2 二审法院观点

二审法院则认为，根据《著作权法》第三条第一项、第四项的规定，本法所称的作品，是指文学、艺术和科学领域内具有独创性并能以一定形式表现的智力成果，包括文字作品和美术、建筑作品。《著作权法实施条例》第四条第一项规定："文字作品，是指小说、诗词、散文、论文等以文字形式表现的作品。"该条第八项规定："美术作品，是指绘画、书法、雕塑等以线条、色彩或者其他方式构成的有审美意义的平面或者立体的造型艺术作品。"据此，同一文字表达如在含义和造型两方面均符合著作权法对作品独创性的要求，则可以分别构成著作权法意义上的文字作品和美术作品。

本案中，原告主张保护的涉案作品为"炒一辈子鹅 爱一个女人"。这一短句含义过于简单，缺乏独创性，无法作为文字作品受著作权法保护；而其在进行作品登记时采用了较为独特的艺术字体进行书写，且两个"一"字上还有一只站立小鹅的剪影，已经符合了著作权法所要求的最低的独创性，可以作为著作权法意义上的美术作品加以保护，实际上该作品也是作为美术作品进行作品登记的。由此可知，该短句的文字含义表达无独创性、处于公有领域，任何人均可利用其进行创作，但如果创作中使用了涉案美术作品的独创性表达，则可能侵犯作品著作权人的复制权、改编权等权利。

本案被告的被诉侵权行为分别涉及其进行著作权登记的表达和其经营的店面门头使用的标识两个客体。其中进行著作权登记的表达虽同样为"炒一辈子鹅 爱一个女人"这一短句，但使用了与被上诉人主张权利的作品完全不同的字体，短句下方装饰有艺术线条，"一"字上也没有小鹅剪影，两者造型表达并不相似；而涉案店面门头同样使用了该短句，但其未使用原、被告双方进行作品登记的美术作品造型表达，而是使用了另一种常见广告美术字体，与原告主张权利的作品表达亦不相似。

基于此，一方面，任何人均可使用"炒一辈子鹅　爱一个女人"这一短句进行创作，原告亦不得以其美术作品著作权控制、垄断对该文字表达的使用；另一方面，经比对，涉案两个被诉侵权客体均未使用原告主张权利的美术作品的独创性表达，与之不构成实质性相似，即仅在文字含义层面而非美术造型层面使用了该短句，难谓侵犯美术作品著作权。据此，二审法院认为一审判决对被诉侵权行为侵犯涉案作品修改权的认定有误，依法改判撤销一审判决，驳回原告全部诉讼请求。

法院对这一案件的裁判同时反映了两个问题：一是同一客体在符合法定条件时可以同时构成不同作品，二是不同作品（如本案中的文字作品和美术作品）独创性认定标准可能存在差异。这两点也均为司法实践所确认。

**笔者的话**　与本案所涉的广告语类似，书名、电视节目名称等如果是由单纯文字构成，则出于便于记忆和使用的需求，其字数往往非常有限，创作空间很小，难以满足著作权法所要求的作品独创性，即无法作为文字作品受著作权法保护。如日本学者半田正夫、纹谷畅男认为："书名的选择、字词的排列或组合，有的也可认为是作者的脑力劳动。但是，这只能认为其书名构思奇异、好，书名本身很难说是思想、感情的表现。因此，书名一般不能认为是作品。"[1] 此类标识最好是通过商标法、外观设计专利或者反不

---

1　[日]半田正夫、纹谷畅男，《著作权法50讲》，魏启学译，法律出版社1990年版，第56页。

正当竞争法中"有一定影响的商品名称"的规定等进行保护。

## 2.2
# 摄影作品独创性与保护

摄影作品独创性与保护一直是个饶有趣味却又令人困扰的话题。一方面，因为拍摄主体、技法等关系，会令人对某些摄影作品的可版权性产生疑问；另一方面，因受用途限制，为一些独创性并不高的作品提供保护也会引发争议。

### ▶ 2.2.1 拍摄主体

2018年4月23日，美国联邦第九巡回上诉法院对此前引起广泛关注的猴子自拍照案作出了裁决[1]，认为猴子不能以它自己所拍照片的版权受侵犯而提起诉讼。此案也曾在我国引发讨论，主要观点认为，一方面，动物只能成为受法律保护的客体，而无法成为法定权利（包括著作权）的主体；另一方面，著作权法旨在鼓励创新、繁荣文化，这一目的显然也不会对动物提供任何激励。

此外，对主体的讨论可能会涉及"创作意图"，即认为动物不会有自主进行作品创作的意图。然而，如果是一位三岁的小朋友在用照相机当玩具时无意间碰到了相机快门，恰好拍下了窗外的美

---

1　Naruto v. David Slater (unreported) case number 16-15469, ID: 10845881, Dkt Entry: 62-1 of 23 April 2018.

景，此时这位小朋友是否可以成为该摄影作品的著作权人呢？笔者认为，著作权法不关心创作意图（创作动机）。当然，也有相反观点认为，作品创作需要体现作者个人特征，因此缺乏创作主观因素不能构成作品，虽然作品创作时是否有这一"主观因素"往往是难以通过客观证据证明的。

### ▶ 2.2.2 拍摄时机

对猴子自拍照案著作权的另一种分析认为，摄影作品的独创性除体现在构图、光圈、快门等方面外，拍摄时机，即按下快门的时间也相当重要（很多震撼人心的抓拍作品便是由此产生）。该案中虽然光圈、快门等参数系由摄影师设置，但相机的快门是由猴子自己按下的，直接决定了拍摄内容，也是摄影作品的主要内容，因此该照片的独创性并非主要由相机所有者所贡献，其也并不能因此对所摄照片主张著作权。

由此引申，某些人为设置的自动照相机，其拍摄角度、参数等系人工设置，但拍摄时机是由机器"自主决定"，如发生动物或行人经过、车辆闯红灯或碰撞时自动拍照，此类照片的性质与猴子自拍照又有何异同呢？对此笔者认为，与猴子自己按下快门不同，所谓机器"自主决定"的条件其实还是人工设置的，即使机器能够决定最佳拍照时机，或对拍摄的多张照片进行自动选择，这也不是机器自主意识的产物，而是由人工设置的条件和运算模型所决定的，与人自己按下快门或选择画面应该是没有区别的，均是人类对工具的利用与借助。当然，这类照片的独创性往往不高（可能导致其只能得到"原样保护"），且可能会涉及"单纯事实消息""表达唯一或有限"等问题；对于交通摄像机抓拍、证件照快照等，也有观点认为其根本不构成作品。

### ▶ 2.2.3 拍摄目的

出于对商品、拍卖品等进行展示的目的而进行的拍摄，有的只客观突出商品而缺乏陪衬（如模特、装饰物等），作品独创性往往不高，对其提供保护有时会引发争议。例如，云南省昆明市中级人民法院在（2014）昆知民初字第411号民事判决中认为，涉案照片均是以直观视角反映出普通商品或储放普通商品的经营场所的现实状态，表现为客观物体在视觉图像上的直接反射。在商品的摆放、排列、取舍、选择上也遵循了广告摄影传达商品信息的一般实用性要求和目的，如对成套或同类型商品组合拍摄，根据版面限制尽可能完整、丰富地展现商品和经营场所的物理特征。因此，虽然速查公司在拍摄这些照片和后期修整照片的过程中投入了一定的非物质性劳动，但没有展现出足以区别于其他同类影像画面的源自拍摄者的个性化表达，同时也没有显现出艺术性元素并达到一定的艺术性效果，所以这些照片未达到法律规定的独创性标准，不能纳入《著作权法》所保护的作品范畴。云南省高级人民法院以（2015）云高民三终字第30号民事判决对本案进行改判，并认为虽然该批摄影作品只是商品实物照片和经营场所场景照片，但体现了作者当时对商品的摆放、场景、拍摄角度的选择，焦距、光圈的设定，快门如何曝光等各方面，体现了某种程度作者的取舍、安排，即创造性和劳动，具有独创性。又如山东省临沂市中级人民法院（2013）临民三初字第366号民事判决认为，为民公司于2012年5月4日拍摄的榨油机照片，仅是对被拍摄物体的简单复制，不具有独创性和艺术性，不具有著作权法意义上艺术作品的特点，不能认定为著作权法意义上的摄影作品。山东省高级人民法院（2014）鲁民三终字第297号民事判决则认为，原审法院的该项认定缺乏法律依据，应依法予以纠正。

为对新闻事件进行报道而拍摄的照片也可能会被质疑为"单纯事实消息"。对此，重庆市高级人民法院在（2013）渝高法民终字第261号民事判决中认为，虽然所配文字属于单纯事实消息，但图片具有独创性，属于对单纯事实进行了独创性的表达，是时事新闻作品，可以成为《著作权法》保护的作品。

前述争议产生的原因或许在于《著作权法实施条例》将摄影作品定义为"艺术作品"，因此引发了对摄影作品"艺术性"有无及程度高低的过多关注。笔者尚不明确排斥摄影作品成为科学作品的原因，并对此提出疑问。此外在一些情况下，由于拍摄目的的限制，如对某零件进行的拍摄，构图往往是立体图、六面图或细节图，用光等也无特殊，此时所得出的照片可能会出现表现手法和内容单一的情况，需要作"表达唯一或有限"的判断。而出于单纯复制、保存的目的对书画、文件、照片等进行的原样"翻拍"，则只能视为原件的平面复制件，不能成为新的作品。

## ▶ 2.2.4 拍摄内容

首先需要明确，如果对摄影作品仅有很小利用，难以辨识该作品独创性元素的，不应认定为侵权。类似情况可参考最高人民法院乔丹案系列行政裁定，其中认为虽然系争标识与照片中乔丹运动形象的身体轮廓的镜像基本一致，但该标识仅仅是黑色人形剪影，除身体轮廓外并未包含任何个人特征，且其就对应动作本身并不享有权利，其他自然人也可以作出相同或者类似的动作。

经过摄影作品固定的拍摄内容，可以在多大范围内得到保护呢？一般而言，摄影作品作者无权阻止他人对被摄内容另行拍摄。我国台湾地区曾发生过这样的诉讼，原告主张被告依据其所拍摄的台湾稀有鸟类照片绘制鸟类图鉴，侵害其著作权，台南地方法院94年度智字第20号民事判决中认为该主张于法无据，台湾高等法院台南分院95年度智上字第7号民事判决亦予以维持。该案法院认为，摄影作品所保护的是照片本身，所拍摄之对象并非著作权所保护的对象。对照片中的自然生物进行写真描绘，系以绘画者本身艺术观点及专业绘画技巧呈现该自然生物，并无剽窃、仿冒摄影作品所展现包括空间、角度、光线与大自然光影、色彩等整体结合的思想及创意，两者应属各自完成的摄影作品与美术著作，并无改编摄影作品的行为。该案法院更指出，如认为就自然界之生态加以摄影后，摄影者就取得该生物展现于相片中的生物姿势、动作型态之著作权，等于承认人类对于自然界之生态，可以借由摄影纪录而取得独占之权利，禁止任何人就该种生物以相同角度或姿态加以绘制或拍摄，极不合理，将妨害人类文化及艺术之进步，与著作权法促进文化发展之立法目的背道而驰。

而在另一种情况下，王迁教授认为，如果被拍摄的场景或人物造型是摄影师进行独创性安排的结果，则摄影作品的独创性除体现在影像效果上之外，也可体现在影像的内容上，此时若他人以摄影或绘画、雕塑等方式实质性地再现该摄影作品的内容，则可能构成侵权（侵犯改编权），如Rogers v. Koons案，《阿妈与卓玛》油画案等。德国学者雷炳德也在论述中谈到，人们可以运用不同的题材与表达工具来使用照片，只要这些行为没有使用摄影师的"艺术性布置"。当然，要区分演绎者使用的是摄影作品中的具体内容（表达）还是只是借鉴了其构思（思想），有时并非易事。

此外也有相反观点认为，用自己的设备拍摄与他人相同或近似的照片，仍应被认为是独立创作，只是这种缺乏创意的跟风艺术价值甚低。即使能证明是根据他人照片而绘制被拍摄对象，因为著作权法对摄影作品保护的是摄影者对于特定目标进行光影、角度、布局、色彩、时间点之决定的智慧判断表达，而非该特定对象，而依照片绘制图案必须加入自己对于该特定对象的判断及呈现，不是直接以摄影设备翻拍，故不仅不会侵害著作权，更因为系独立创作，就其绘制的表达结果能享有美术作品著作权。

## ▸ 2.2.5 画面选择

较电影作品而言，摄影作品表现为被定格的静态画面，但实践中认为对真实拍摄的连续画面进行截取符合《著作权法实施条例》对摄影作品的定义，可以作为摄影作品加以保护（注意与美术作品相区别）。此时，照片制作者付出的努力仅仅是体现在对拍摄画面的选择上。较为常见的是对动态画面进行截图，如上海市第二中级人民法院在（2005）沪二中民五（知）初字第171号民事判决中认为，医生朱某利用手术设备自带探头对手术全过程进行同步录像，并从其中截取了六个关键手术画面，该画面构成摄影作品。

目前还出现了对静态全景画面进行截图创作的情况。据报道，一位化名为Agoraphobic Traveller的摄影师在家中利用谷歌地图的街景功能，通过对其截图来进行创作。这些截图甚至还得到了谷歌地图授权出售照片的许可，每张售价25英镑。

## ▸ 2.2.6 弹性保护

从上文介绍可见，目前摄影作品的独创性程度参差不齐，而我国著作权法对其并没有做类似德国著作权法中摄影作品（Lichtbilder werke）和普通照片（Lichtbilder）的区分，对独创性较低的摄影作品提供保护难免会引发争议和质疑。对此笔者认为，按照目前"分类施策、比例协调"的司法政策，可以对独创性不同的摄影作品给予"弹性保护"：对体现了作者智力创造和独特个性的摄影作品，可以将保护范围扩展到其"内容、艺术布置"，对相应的演绎行为进行控制；对自动拍摄、样品拍摄等独创性很低的摄影作品，则可将保护范围限制为"原样保护"，即只有原样复制、发行该作品才构成侵权（亦即上文提及拍摄内容部分的"相反观点"）；此外在确定保护范围时，思想表达二分法、抽象概括法、混合原则、场景原则等也能发挥适当的调节作用。

**笔者的话**

不同作品独创性认定标准不同。对于摄影作品，一般仅自动抓拍类照片和以复制作品为目的的翻拍被认为不具有独创性，故不宜轻易否定摄影作品的独创性。此外可参考各地法院有关商业图片公司的判决，对摄影作品权利归属进行详细审查。目前实践中争议较大的问题是对电影画面的截图，究竟是成为新的摄影作品，还是仍属于电影作品的一部分，即上文谈到的"画面选择"问题——否定观点认为，视听作品实际上是单帧静态画面的集合，其中每一帧画面都可以被理解为作品的组成部分，因此对于视听作品的著作权法保护应当及于每一帧画面，而不应当孤立地看待视听作品的截图。关于"弹性保护"，还可参阅本书"美术作品的弹性保护"一文。

# *2.3*
# 美术作品的弹性保护

## ▶ 2.3.1 基本案情与法院裁判

在一起著作权侵权纠纷案中[1]，原告深圳博林文创公司是"HelloKongzi"系列美术作品著作权人，该系列作品于2015年进行

---

1 案情详见贵州省高级人民法院（2018）黔民终1068号民事判决书。

著作权登记，原告为宣传该系列作品投入了较高费用。经公证证实，被告贵州梦香园公司在其招商手册、公司宣传图片、部分店面门头及相关网站使用了"7夫子及图"。被告于2017年将该图注册为商标，2018年该商标被宣告无效。原告认为被告前述使用"7夫子及图"的行为侵犯了其对"HelloKongzi"系列美术作品享有的著作权，故诉至法院，请求判令被告停止侵权、赔偿损失及维权合理支出、赔礼道歉。

一审法院认为，"HelloKongzi"系列作品具有一定独创性，属于受著作权法保护的美术作品，原告享有其著作权。公证书载明了被告使用"7夫子及图"的相应行为，两个涉案美术作品对比，"7夫子及图"在造型、发饰、眼睛、眉毛、胡须、衣袖等方面均与原告的美术作品基本一致。被诉行为构成对原告美术作品的侵权，据此判决被告立即停止侵权，并赔偿原告经济损失及维权合理支出6万元。

二审中，上诉人即原审被告对涉案美术作品权属及其使用"7夫子及图"等事实并无异议，但在对被上诉人据以主张权利的美术作品进行审视时二审法院亦注意到，原告据以主张权利的美术作品自身独创性极为有限，故二审法院根据《著作权法》及其司法解释的规定，将一审判决确定的赔偿数额调减为3万元。

## ▶ 2.3.2 裁判观点分析

本案的裁判要旨在于，基于著作权法的立法旨意，对作品提供保护的范围和强度应与其创新和贡献程度相协调。在排除对特定人物的惯用表现手法及相应创作元素后，原告据以主张权利的美术作品自身独创性极为有限，法院在确定侵权损害赔偿数额时应予以考虑。

详言之，审理著作权侵权纠纷案件时，在确定被告的侵权行为前，尚需对原告据以主张权利的作品进行检视，包括对作品的独创性进行判断，从而确定对其提供保护的范围和强度。这一做法主要是基于如下三方面的原因：一是基于著作权法立法本意。著作权法旨在保护富有作者独特个性的独创性表达，通过赋予作者一定时期的垄断权来鼓励作品创作和传播，并在保护期限届满后使作品进入公共领域，最终促社会发展、繁荣。这不仅是学界的通常认识，也为《著作权法》第一条关于立法宗旨的规定所确认。因此，赋予作者垄断权的大小，即提供保护的强度也应与其作品独创性的高低，或者说与其给予社会的回馈相一致。二是维护公共领域的需要。作品的创作本就需要从公共领域汲取各种灵感和表达元素，借鉴前人丰富多样的创意和经验，好比"站在巨人肩上"；同时公有领域不仅是作者创作的源泉，也与言论自由等其他重要价值相联系。对作品"独创性"的要求照亮了其与公共领域间的疆界，不但能够防止创作者对公有领域元素的不当垄断，更有助于"思想自由市场"形成。具体来说，合理确定对涉案作品的保护范围和强度，至少应排除作品中属于公共领域的表达，基于"混合原则"排除唯一或极为有限的表达方式，以及基于"场景原则"排除该领域或该类作品惯用的表达等。三是浪漫主义作者观的要求。17世纪的西方，民众和议会开始对言论控制和图书审查给予否定评价，皇室特许的丧失使书商不得不为其所获得的垄断利益寻求新的法律基础，浪漫主义观念应运而生，成为版权话语中的经典表达与核心观念，并在版权法理论中沿用至今。而"独创性"正是基于浪漫主义观念为作品提供保护的基石，故对其的检视始终都存在必要。

具体在本案中，对原告创作的"HelloKongzi"系列卡通形象进行检视，我们会发现，作者采用的极为简洁的创作手法使作品所容纳的要素较为有限，而其中"广袖长衫、白须白眉、发髻头簪"等创作元素均为描绘我国古代老年男子时的惯用表现手法，此基础上，该作品仅增加了极为有限的独创性表达：一是为突出孔子的人物特征，卡通形象发髻上横插穿过的头簪为毛笔造型；二是卡通形象的胡须为八字胡（形似逗号）与长髯（形似水滴）的组合。与被诉侵权的"7夫子及图"相较，后者卡通人物的头簪并非毛笔造型，胡须为八字胡（形似逗号）与长髯（形似阿拉伯数字7）的组合，该卡通人物手中还托举着一个包子。也就是说，两者相似之处仅在于卡通形象的胡须处。

需要说明，在本案及其他著作权侵权纠纷中，法院均无意评价美术作品艺术造诣的高低，但基于前述理由，对作品提供保护的范围和强度应与其创新和贡献程度相协调。利益衡量一直是个历久弥新的话题，而"比例协调"则是新时期知识产权审判所应遵循的重要司法政策和基本原则，并在最高人民法院颁布的《中国知识产权司法保护纲要（2016—2020）》等一系列司法性文件中一再得到确认。技术的发展、时代的创新与社会的进步使作品创作与表达方式愈发多样，作品的类型早已超出了成文法的列举，数量更是呈井喷式的增长，但笔者始终认为，对作品独创性的检视和"比例协调"等基本原则仍应被坚守，这也是裁判者对国家和社会公众所应担负的责任。

# 2.4
# 模型作品的认定与保护

在我国首例战斗机模型侵犯著作权案[1] 中，成都飞机工业（集团）有限责任公司是"歼十"战斗机的研发及设计单位，原告中航

---

1 案情详见最高人民法院（2017）最高法民再353号民事判决书。

智成科技有限公司（以下简称智成公司）为生产"歼十"战斗机模型的唯一独占许可实施人，并具有单独提起诉讼的资格。2009年12月，智成公司发现被告深圳市飞鹏达精品制造有限公司生产、销售了"歼十"战斗机模型，涉嫌侵犯原告的著作权，故诉至法院。原告主张，战斗机设计图纸构成美术作品及图形作品、战斗机本身构成美术作品、战斗机模型构成模型作品。其中需要关注和回答的主要问题是，案涉战斗机模型是否属于模型作品，《著作权法》中规定的模型作品又是什么呢？

### ▶ 2.4.1 模型作品及其独创性认定

判断战斗机模型是否构成模型作品，需要先从法律法规对模型作品的定义着手。我国《著作权法实施条例》第四条第十三项规定："模型作品，是指为展示、试验或者观测等用途，根据物体的形状和结构，按照一定比例制成的立体作品。"

对此有学者提出疑问，认为模型是按照一定比例复制实物，劳动者并没有贡献出源自其本人的、任何新的点、线、面和几何结构，而是按照比例关系准确地再现了它们，由此形成的只是"作品的模型（复制件）"而非"模型作品"。笔者认为，如果要回答这一疑问，使模型成为著作权法意义上的作品，就必须证明模型作品是具备著作权法所要求的独创性的。著作权法所要求的"独创性"包含"独"和"创"两个方面，前者是指智力成果系劳动者独立创作、来源于其本人，后者则是指成果体现了一定的智力创造水平。

模型要想符合"独创性"中"独"的要求，就必须符合两种情况之一：要么模型是作者从无到有独立创造出来的，要么模型是作者在已有物体或者说事实的基础上增添了其他可识别元素创作的。

对于第一种情况，前引法条中已明确规定了"根据物体的形状和结构"，这是不是在说模型只能依凭现有物体制作而不能"从无到有"的创作呢？对此郑成思教授[1]与王迁教授[2]均指出，我国《著作权法》及其实施条例中规定的"模型作品"，实际上是指《伯尔尼公约》第二条第七款中的"models"，而根据世界知识产权组织编写的《著作权与邻接权法律术语汇编》，"model"实际是指为最终制作艺术作品或制造工业产品而对艺术作品或商品的外观作出的立体造型设计，其与平面造型设计（design）相对应。也就是说先有"model"，再根据"model"的样式制作艺术作品或制造工业产品，因为"先"便充分保证了"独"。

对于第二种情况，即模型是作者在已有物体或者说事实的基础上增添了其他可识别元素创作的，王迁教授认为这种增添即使形成了新的作品，该作品也不符合《著作权法实施条例》对"模型作品"的定义——根据该项定义，模型是为展示、试验或者观测等用途而制作的，并且须根据物体的形状和结构按照一定比例制成，所以制作目的和制作方法两个要件都要求模型必须准确地再现原物。[3]对此笔者认为，在一定情况下，增添创造性表达与准确再现原物两者间是不矛盾的。例如，楼盘的模型，"准确再现原物"要求其具备一定的精确度，对建筑外形、层高、位置、朝向和周边道路、地势、公共设施规划等都必须忠实于设计规划图和实地情况，但除此之外，该模型中仍可增添其他体现作者独特个性的表达，如行驶的车辆、漫步的行人、奔跑的动物、路边各式的广告牌、造型美观的花木、不同的照明效果等。此时按照社会一般公众的通常理解，不能否认这个模型还是该楼盘的模型，也并不宜将这些增添的元素视

---

1 郑成思，《知识产权论》（第三版），法律出版社2007年版，第180页。

2 王迁，《知识产权法教程》（第四版），中国人民大学出版社2014年版，第102页。

3 王迁，《知识产权法教程》（第四版），中国人民大学出版社2014年版，第102页。

为独立于模型之外的美术作品；而按照《著作权法实施条例》对作品类型的定义，亦不能将该作品整体视为美术作品而非模型作品。也就是说，某些情况下模型在制作过程中还是有一定的自由创作空间的，只要形成的结果符合一般公众对模型精确性的要求即可——这与地图、示意图等也非常类似。在保留模型主体部分具备精确度的前提下，增添某些非常态的、临时的因素是否也能够体现作者独特的判断和选择，这一问题还有待进一步探讨。

而模型要想符合"独创性"中"创"的要求，则必须达到一定的智力创造高度。对于模型的"创造性"，有学者认为，模型只有具有艺术成分才能作为作品受到著作权法的保护，[1]但对此处的"艺术成分"如何界定和理解，以及如何判断是否具有这种"艺术成分"却并未提及，有学者据此还提出了"科学之美"的概念。

## ▶ 2.4.2 关注模型作品的"科学作品"属性

《著作权法》第一条将该法保护的作品分为了文学、艺术和科学作品三类，该法第三条规定："本法所称的作品，是指文学、艺术和科学领域内具有独创性并能以一定形式表现的智力成果。"同时该条将模型作品与工程设计图、产品设计图、地图、示意图等图形作品规定在了一项，正是在说明图形作品与模型作品同属科学作品。此外，从模型作品的定义中也可看出，制作模型作品是"为展示、试验或者观测等用途"，据此也可得出模型作品属于科学作品。

---

1 李扬，《知识产权法基本原理（Ⅱ）——著作权法》，中国社会科学出版社2013年版，第81页；王迁，《知识产权法教程》（第四版），中国人民大学出版社2014年版，第100页。

　　此时笔者想要提出的问题是：科学作品一定要"美"吗？学界将模型与"艺术"和"美"挂钩，一方面是为强调模型并非对事实的单纯再现与对模型的非功能性要求，[1]另一方面是受上述三种作品分类的影响。文学、艺术作品都可以营造一定的艺术美感，因此有学者便将"艺术性"要求贯穿于三者之间，并创造出了难以理解的、玄妙的"科学之美"这一概念。笔者认为，这是将对艺术作品创造性的审美要求生硬地套用在了科学作品上，实际上强调科学作品的"艺术性"是没有必要的。德国法学家雷炳德教授认为，受著作权法保护的科学技术类表述并不具有艺术作品的美学性，而是表达或阐述了科学或者技术方面的内容。[2]也就是说，科学作品是作者用于阐述其科学技术上的思想和观点的，其独创性的判断与"美"无关。正如外观设计专利"富有美感"的要求，也是指对其"装饰性、非功能性"的要求，而不需要审查员判断其"美"或"不美"。由此可以认为，模型作品是以造型结构方式表达科学技术思想的，属于科学作品；与之相较，雕塑则是以立体造型表现艺术美感，属于艺术作品（美术作品）。

　　此外还有必要探讨科学作品的复制问题，尤其是设计图"从平面到立体的复制"和模型作品"从立体到立体的复制"，如按照设计图制造、施工和依照模型制造工业产品。著作权法并不保护思想，而上述的"复制"很可能是对科学作品中所介绍的技术方案的实施，也就是对作品中科学技术思想的实践，因此并不受著作权法的保护，自然也不受著作权人享有的复制权的控制（例外是建筑作品）。

---

1　关于该方面的问题将在后文讨论。

2　[德]M.雷炳德，《著作权法》，张恩民译，法律出版社2005年版，第145页。

### ▶ 2.4.3 模型作品保护与理论冲突

模型要受到著作权法的保护，除了具备独创性，还必须不属于著作权法不保护的对象。与此相关的，根据著作权法的基本理论，著作权法不保护事实，不保护操作方法、技术方案，也不保护实用性功能，这也是学者要求模型必须具备"艺术成分"的原因之一。

事实是客观存在和发生的，不可能由作者"创作"，且处于公共领域，不应被垄断，所以著作权法并不保护事实。而模型如果属于对客观存在事实的精确再现，本身便有可能落入了"事实"的范畴。而模型如何才能不属于"事实"，在前文论述模型独创性中的"独"时已作回答，在此不再赘述。

著作权法不保护技术方案，准确地说应是著作权不能控制对作为作品内容的技术方案的实施，而非不保护对技术方案的表达。因此这并不妨碍模型作为科学作品而成为著作权法保护的客体。

最困难的在于直面"著作权法不保护实用性功能"这一问题，因为《著作权法实施条例》在对"模型作品"的定义中本身便规定了目的性要件，即"为展示、试验或者观测等用途"而制作。著作权法为什么不保护实用性功能，其原因一是实用性功能也属于"思想"范畴，而著作权法为鼓励创作和防止钳制思想而并不保护"思想"；二是在于专利严格审查与利益平衡的特性，对"功能"更适宜以专利进行保护；三是意在防止著作权架空专利制度。而在上述模型作品的目的性要件中，除了任何作品作为"表达"而都可具有的"展示"功能，还包含了"试验、观测"这样明显出于实用性的目的，由此制造的模型也必然具备实用性功能。对此，承认作品"艺术美感"的学说往往会认为该模型属于实用艺术品，即使其具备一定程度的"艺术成分"或"科学之美"，但因其美感无法与实用性分离，即发生了混合，该模型仍不能受到著作权法的保护。笔者同样认为，从著作权制度的目的和其不保护实用性功能的原因出发，即使是对科学作品，该项原则也同样不能被突破，故在实际运用时似乎应当对《著作权法实施条例》的相应规定采取限缩解释，将制作模型的目的解释为"展示（说明、论述、表达）科学技术思想"，而不包含"试验、观测"等实用性目的及功能。

介绍完作者对模型作品的看法，回过头再来看开篇提到的"歼十"战斗机模型案。需要说明，战斗机模型可能产生于不同时期，既可以早于战斗机产生，如在战斗机生产前用于进行风洞实验的高精度战斗机模型；又可以晚于战斗机产生，如在战斗机生产后按比例仿制的装饰模型。根据前文的论述，早于战斗机产生的模型就是《伯尔尼公约》所称的"models"，其具备了独创性，但基于著作权法不保护实用功能的基本原则，这一飞机模型虽然也表达了设计者的科学技术思想和理念，但其主要是用来进行风洞试验而非用来单纯地展示、说明的，因此该模型具备很强的功能性，且该功能性无法与其造型相分离，故著作权法不应对其进行保护。本案中所涉的"战斗机模型"应是指后一种，即晚于战斗机产生、按比例仿制的模型，这类模型一方面不具有独创性，另一方面属于不受著作权法保护的对事实的再现，因此其同样不能成为模型作品。

**笔者的话** 对于"歼十"战斗机模型案，最高人民法院（2017）最高法民再353号民事判决认为，中航智成公司在本案中要求保护的"歼十"战斗机模型与实际"歼十"战斗机相比，除材质、大小不同外，外观造型完全相同。因此，无论中航智成公司在将"歼十"战斗机等比例缩小的过程中付出多么艰辛的劳动，中航智成公司均未经过自己的选择、取舍、安排、设计、综合、描述，创作出新的点、线、面和几何结构，其等比例缩小的过程仅仅只是在另一载体上精确地再现了"歼十"战斗机原有的外观造型，没有带来新的表达，属于严格按比例缩小的技术过程。在中航智成公司不能证明其根据"歼十"战斗机等比例缩小而制造的"歼十"战斗机模型具有独创性的情况下，该过程仍然是复制，产生的"歼十"战斗机模型属于"歼十"战斗机的复制件，不构成受我国著作权法所保护的模型作品。二审法院关于"模型与原物的近似程度越高，其独创性越高"和"模型越满足实际需要，其独创性越高"的认定，均违背了我国著作权法的立法本意。此外，《北京市高级人民法院侵害著作权案件审理指南》亦认为："根据已有作品制作的等比例缩小或者放大的立体模型不属于模型作品。"

在此后的"慧鱼创意组合模型"侵害著作权及不正当竞争纠纷案[1]中，上海知识产权法院认为，从我国著作权法立法原意理解，构成模型作品需具备三个条件：一是必须具有展示、试验或者观测等用途，如与地理、地形、建筑或科学有关的智力创作等；二是具有独创性，精确地按照一定比例对实物进行放大、缩小或按照原尺寸制成的立体造型仅是实物的复制品，模型作品应当是根据物体的形状和结构，按照一定比例制成，但在造型设计上必须具有独创性；三是能以有形形式固定的立体造型。首先，涉案30种立体造型系抽象于现实中的机械、工程结构，现实中存在与之相对应的物体或者结构，但又不完全是复制实物，而能展示实物所蕴含的机械原理和物理结构。其次，设计者通过对现有机械及工程结构进行选取和提炼、抽象和简化，在创作过程中对立体结构进行了取舍、浓缩、抽象，展示科学和技术之美；在布局、结构安排、搭配组合等方面，体现

---

1 案情详见上海知识产权法院（2018）沪73民终268号民事判决书。

了设计者的构思和安排，具有独创性。最后，运用组件，按照说明书步骤图能够搭建成与安装说明书所附图样一致的具有实物形态的30种立体造型，即能以有形形式固定。综上，涉案30种立体造型均符合我国著作权法规定的模型作品构成要件，并各自独立于图形作品构成模型作品，应受我国著作权法保护。

# *2.5*
# 实用艺术作品的保护辨析

## ▶ 2.5.1 实用艺术作品与美术作品之辩

一直有学者认为，若实用艺术品中的艺术性和实用性可以分离，分离后的独立艺术表达可以作为美术作品予以保护，而无法分离的则应作为实用艺术作品受到著作权法的保护；也就是说，实用艺术作品应是特指艺术性和实用性无法分离的作品。这一观点不但使实用艺术作品的内涵愈发扑朔迷离，更令人对"著作权法不保护思想（功能）"的基本原理质疑。笔者认为，要评判这一观点的正确与否，不但要厘清实用艺术作品和美术作品的区别，更要求我们所作出的解释能与现有基本原理和法律体系协调自洽。

我国1992年颁布的《实施国际著作权条约的规定》[1] 第六条规

---

1  该规定于2020年经过修订，2024年在全国人大"国家法律法规数据库"中效力仍被标注为"有效"，网址：https://flk.npc.gov.cn/index.html，最后访问日期：2024年6月12日。

定："对外国实用艺术作品的保护期，为自该作品完成起二十五年。美术作品（包括动画形象设计）用于工业制品的，不适用前款规定。"而在2014年国务院法制办起草的《著作权法（修订草案送审稿）》第五条中，亦将美术作品和实用艺术作品并列为两种不同类别的作品。实际上，将美术作品和实用艺术作品分立，并非我国首创，而是早有其立法渊源。具体地，《伯尔尼公约》第二条第一款在列举"文学和艺术作品类型"时便是采用二者分立的模式，将实用艺术作品作为单独的一类专门列举。而这样的规定对"著作权法不保护思想（功能）"的基本原理并未产生影响。

分立模式之所以未与著作权法基本原理相抵触，是因为其并非要将实用功能纳入了著作权法保护的范围，而是对实用艺术作品依然适用"可分离性标准"并仅保护分离后的艺术独创性表达。《伯尔尼公约》第七条第四款将作为艺术作品保护的实用艺术作品的保护期限规定为不应少于自该作品完成之后算起的二十五年，这远低于一般作品的作者有生之年及其死后五十年的保护期限。在解释这样规定的原因时，一般认为，是为了"避免特定文化市场与一般多用途产品市场之间不适当的冲突"。同时，"这些原因依然成立，因而《世界知识产权组织版权条约》（WCT）对实用艺术作品并没有采取与摄影作品方面相同的措施。"[1] 笔者认为，这一解释保护期不同的说明同样也解释了将实用艺术作品与美术作品等其他一般作品分立的原因。这也可以理解为是基于著作权法立法精神而作出的政策考量与价值导向。

在司法实践中，法院一般也采取分离保护的做法。例如，在浙江克虏伯机械有限公司诉蓝盒国际有限公司等著作权权属、侵权纠

---

1 参见世界知识产权组织第891（C）号出版物。而WCT第九条将摄影作品视同一般艺术作品，不再如《伯尔尼公约》第七条一样降低其保护水平。

纷案[1]中，一审、二审法院均认为："保护的范围仅限于实用艺术品中具有艺术美感、构成美术作品的部分，著作权法不保护实用功能。"又如在北京中航智成科技有限公司与深圳市飞鹏达精品制造有限公司著作权权属、侵权纠纷案[2]中，法院认为："一般而言，飞机研发设计所产生的特殊飞机造型，主要是由飞机的性能即实用功能决定的，该造型成分与飞机的功能融为一体，物理上、观念上均无法分离。中航智成公司主张歼十飞机（单座）造型为美术作品，对此其负有证明责任，应当举证证明或者合理说明歼十飞机（单座）造型中除飞机性能决定的造型成分之外，还有哪些造型成分属于可独立于飞机性能的纯粹艺术表达。"

对于"实用艺术作品"的含义，目前较为权威的解释有三种。一是世界知识产权组织编写的《著作权与邻接权法律术语汇编》将其定义为"适于作为实用物品的艺术作品，不论是手工艺还是按工业规模制作的作品"。二是《世界知识产权组织管理的版权及相关权术语汇编》将其定义为"表现为或应用于实用物品的美术作品，不论是手工艺品还是工业产品"。三是由联合国教科文组织翻译的《著作权和邻接权》教科书中认为："凡有实际用途的或混合于某一实用物品中的艺术创作，不论是工艺品还是以工业方法生产的作品，均被视为实用艺术作品。"上述三种解释均较为相似，从中可以看出，美术作品和实用艺术作品分立后，两者自应存在区别，但笔者认为这一区别并非保护对象的艺术性和实用性是否可分离，更非作品的生产规模，而是保护对象是否具备先天的实用性（功能性）。也就是说，在作品创作完成时，美术作品并不具备先天的实

---

1 案情详见上海市第一中级人民法院（2015）沪一中民五（知）终字第30号民事判决书。

2 案情详见最高人民法院（2017）最高法民再353号民事判决书。

用性，而实用艺术作品则相反。

需要注意，在前段阐述美术作品和实用艺术作品的区别时，除了我们所熟知的"实用性"，笔者还使用了"先天"一词，这是因为笔者认为这两类作品是无法进行相互转化的。一方面，实用艺术作品作为一种独立的作品类型，本身就是指从对象中分离出的仅具艺术性的表达，自然无法再转化成为美术作品，这是不言自明的。另一方面，美术作品在转为实用，即创作完成后又进一步改造、增添实用功能时，如果这一新的产物中艺术性的表达与原先的美术作品基本相同，则该产物并不具备著作权法对作品所要求的独创性，也并未产生新的权利，仍应受美术作品复制权的控制；如艺术美感因实用化而发生了改变，增添了新的富有个性的独创艺术表达，则有可能成为原作品的演绎作品，并作为新的实用艺术作品另外获得著作权，但这并不减损更不会消灭原美术作品的著作权，这一新作品仍然要受到原美术作品改编权等权利的控制，加之两种著作权权利的客体并不相同，所以也不存在著作权的转化。

基于此，笔者认为，《实施国际著作权条约的规定》中规定"美术作品（包括动画形象设计）用于工业制品的，不适用前款规定"就是出于这样的考虑，不但强调美术作品和实用艺术作品存在区别，更意在防止因错误理解和适用该条规定而使美术作品的著作权遭到减损。可以举个简单的例子，某画家创作的卡通立体雕塑符合著作权法对作品独创性的要求，构成美术作品，后将其简单修改为存钱罐批量生产，艺术美感相同，并不会使原美术作品著作权转化为存钱罐实用艺术作品著作权，也不会使对美术作品著作权的保护期由五十年以上变为二十五年。

此外还需提及的是《实施国际著作权条约的规定》的立法背景。1992年7月1日，全国人大常委会通过了关于我国加入《伯尔尼公约》的决定，但《伯尔尼公约》在我国生效则是1994年，在此期间我们所要完成的工作是使我国法规体系与《伯尔尼公约》规定的义务相一致，为《伯尔尼公约》生效做好准备。《实施国际著作权条约的规定》便是在这一背景下制定和颁布的，其第六条第一款按《伯尔尼公约》第二条第七款的授权明确了以著作权法作为实用艺术作品的保护依据，并按《伯尔尼公约》第七条第四款的要求确定了二十五年的保护期限。但是，该规定只解决了保护外国实用艺术作品的问题，既未明确实用艺术作品的独立作品类型，也未对如何保护我国实用艺术作品作出规定，导致在此后的司法实践中并未依《伯尔尼公约》严格区分实用艺术作品和美术作品，而多是分离出实用艺术作品中的艺术表达后将其作为美术作品加以保护，这便使其可以享受一般美术作品的保护期。这不但与两者分立的制度设计不符，更忽略了《伯尔尼公约》中"国民待遇"要求可能带来的影响。而在《著作权法（修订草案送审稿）》一稿中，分立原则和二十五年保护期均得到了明确体现。

实践中可供对照参考的是，相同的法院在不同的判决中，有可能认为："在我国著作权法规定的作品分类中没有实用艺术作品，对于既具有实用性又具有艺术美感的实用艺术作品，可按照美术作品予以保护。"也可能会认为："虽然我国著作权法中并未规定实用艺术作品的作品类别，但《伯尔尼公约》明确规定其保护对象包括实用艺术作品。我国《实施国际著作权条约的规定》中亦明确外国实用艺术作品在中国应自作品完成起二十五年受中国著作权法律、法规的保护。故《伯尔尼公约》成员国内作者的实用艺术作品应受我国法律保护……作为实用艺术作品保护的产品应当具备独创性、可复制性、实用性和艺术性的构成要件。""构成实用艺术作品，首先，其实用功能和艺术美感必须能够相互独立；其次，其能够独立存在的艺术设计具有独创性……涉案作品具有实用性、艺术性，能够构成实用艺术作品，可以受到我国著作权法的保护。"并援引《实施国际著作权条约的规定》对案件进行判决。

## ▶ 2.5.2 实用艺术品与"观念上分离"

随着社会发展与人民精神、文化需求的日益增长，对生活中的日常用品也越来越多地提出了艺术性方面的要求，在功能性物品中融入美学设计也日渐普遍，实用艺术品的种类和数量正飞速增长。而较之外观设计专利，著作权法所提供的保护在权利取得、保护范围、保护期限、维持费用等方面都明显更具优势，因此越来越多的实用艺术品设计、生产者均开始寻求著作权法保护。但无论从源初的浪漫主义构想还是从现实的法律制度架构而言，不保护功能性已融入了著作权法的血脉，成为著作权法的基本原则。因此，在运用著作权法对实用艺术品提供保护，即完成从"实用艺术品"到"实用艺术作品"的转变时，均会基于不保护功能性的原则，要求实用艺术品的艺术性能够从该物品中分离而独立存在，方可对其单独提供保护。这便产生了对实用艺术作品"可分离性"的要求及检验，其中包括物理上的分离与观念上的分离两种情形。

物理上的分离容易理解，在此不再赘述。而对于如何判断观念上的可分离，理论和实务界则存在多种观点，莫衷一是。分析这些观点并将其归纳为可操作的步骤，笔者个人认为，判断观念上的可分离或可使用如下的"两步检验法"。

第一步：排除艺术性与功能性混合、无法分离的情况。申言之，即判断改动了艺术部分的设计，是否会影响使用功能的实现。如果结果为肯定，则该艺术部分已与物品的功能性发生了混合，无法分离；还可以使用反向判断的方法，即审视如果不把某实用艺术品设计成该特定形状，则是否会影响该物品的实用功能。举例说明，正向分析，如果改动战斗机或赛车外形，将破坏其气动布局，直接影响其功能；反向分析，如果不将存钱罐设计成小熊外形，而是设计成圆柱体或立方体，其同样能够发挥存放硬币的功能，故小熊外形对存钱罐功能的实现并无影响。所涉情形类似著作权法中"混同原则"，即表达唯一性或有限性的情形，当思想（事实）或功能与表达混合无法剥离时，便不能提供保护。同时也有些类似对外观设计"装饰性、非功能性"的要求，但在程度上愈高——对于外观设计，《最高人民法院关于审理侵犯专利权纠纷案件应用法律若干问题的解释》第十一条中仅规定，对于"主要由技术功能决定的设计特征"，在认定外观设计是否相同或者近似时应当不予考虑。

然而我们也可以发现，这一步骤仅可保证分离后的设计并不包含实用功能，但并不能认为该设计就一定可以构成著作权法意义上的作品，因此还需进一步进行检验。

第二步：分离出的艺术性部分可以独立成为作品。这一点似乎应是不言自明的。如在著名的宜家儿童凳案中，法院便认为，实用艺术作品的艺术性必须满足美术作品对于作品艺术性的最低要求。

关于如何理解"独立成为作品"，美国联邦最高法院在Star Athletica v. Varsity Brands啦啦队队服著作权侵权案[1]（以下简称啦啦队队服案）判决中提供了有益观点。判决认为，当一项实用品设计中的艺术特征从实用品中被识别并且能在想象中脱离该实用品时，该艺术特征本身或是已经被固定在其他有形载体上的艺术特征，能够符合绘画、图形或雕塑作品的要求，该艺术特征就具备可版权性。本案中，如果啦啦队制服上的色彩、形状、条纹和V形的安排被从制服中分离出来，然后运用到其他载体（如画布）上，它们同样能构成"平面美术作品"，并且在想象中将服装表面装饰从制服上

---

1　Star Athletica v. Varsity Brands,137 S.Ct.1009–1011(2017).

移除并运用于其他载体上不会导致对制服本身的复制。简言之，即是将艺术表达从实用艺术品上分离，并应用到其他载体之上，判断其是否能成为著作权法意义上的作品。

而关于被分离出的艺术表达与实用艺术品轮廓间的关系问题，有观点认为，当艺术表达被从实用品上抽离出来时，会保留该实用艺术品的轮廓，因此不具备可版权性。对此笔者认为，一方面，所抽离的艺术表达并不必然包含轮廓，即并不必然受实用艺术品轮廓的限制，如使用服装上的图样填充（放大填充、多个填充等）入圆形白瓷盘或长方形画布内，这一填充使用并不会包含服装轮廓；另一方面，即使抽离出的艺术表达包含了原有物品的轮廓，但对其的复制并不会实现原有物品的实用功能，即该作品中并不包含功能性。正如前述啦啦队队服案中所说，一种画在吉他表面上的设计，如果在想象中将整个设计从吉他表面上抽离并用在唱片封面上，虽然这依然反映了吉他的形状，但是在唱片封面上运用吉他图片并没有导致对吉他这种实用物品的复制。

**笔者的话**　　2020年修正的《著作权法》删除了修订草案送审稿中关于两类作品分立的规定。最高人民法院指导性案例第157号已明确认可，对于具有独创性、艺术性、实用性、可复制性，且艺术性与实用性能够分离的实用艺术品，可以认定为实用艺术作品，并作为美术作品受著作权法的保护；受著作权法保护的实用艺术作品必须具有艺术性，著作权法保护的是实用艺术作品的艺术性而非实用性。令人遗憾的是，无论从立法角度还是司法实践角度看，上文提出的与《实施国际著作权条约的规定》调和的问题依然没有得到解决。

# *2.6*
# 民间文学艺术表达：条约发展与保护框架

《著作权法》第六条规定，民间文学艺术作品的著作权保护办法由国务院另行规定，但对此一直存在制度缺位；而在我国批准加入《视听表演北京条约》后，也有义务对表演民间文学艺术表达的表演者提供保护。梳理国际条约发展，分析法律保护框架，会对我们研究民间文学艺术表达保护相关问题有所助益。

## ▸ 2.6.1 相关术语定义

据《视听表演北京条约》第六条（a）款，表演者的表演对象除文学或艺术作品外，还包括"民间文学艺术表达（expressions of folklore）"。《世界知识产权组织管理的版权及相关权术语汇编》称其为"民间文学艺术表现形式"，并定义为：在某一群体或众多个人之间长期演化而成并保存的、反映某一群体传统艺术前景的传统艺术遗产的特征要素，包括民间故事、民间诗歌、民歌、民乐、民间舞蹈和戏剧、民间礼仪的艺术形式以及其他民间艺术产物。

"传统文化表现形式（traditional cultural expressions，TCEs）"则为世界知识产权组织关于遗传资源、传统知识和传统文化表现形式保护框架系列文件和出版物中的一贯用法，并认为"传统文化表现形式"就是用以表达传统文化的各种形式，可以是舞蹈、歌曲、手工艺品、设计、仪式、故事或许多其他艺术或文化表现形式。

笔者无意区分两者作为非物质性的、被表演的对象时，在含义上存在多大程度的差别，而在本文中将其视为基本同义的概念，并对相关制度作一并介绍。世界知识产权组织亦认为，尽管在国际讨论中以及在许多国家的法律中，"民间文学艺术表现形式"是最常用词，但一些社区（communities）对"民间文学艺术（folklore）"一词的有关负面含义表示了保留意见；现在，世界知识产权组织使用"传统文化表现形式"一词，如果出现"民间文学艺术表现形式"，应理解为是"传统文化表现形式"的同义词。

## ▶ 2.6.2 条约发展与误读

《罗马公约》第三条（a）款对表演者的定义将表演的内容限定为"文学、艺术作品（literary or artistic works）"，但该公约第九条同时允许缔约国根据国内法律和规章，将根据该公约提供的保护扩大到不是表演文学或艺术作品的艺人，据此可将该公约给予的保护延伸至民间文学艺术表现形式的表演者。

《世界知识产权组织表演和录音制品条约》（WPPT）第二条（a）款则将表演对象直接扩大到民间文学艺术表现形式。但需要注意的是，无论是条约中文地道文本，还是我国台湾地区的译本，均将expressions of folklore翻译为"民间文学艺术作品"，这似对该条约规定的误译。申言之，一方面，《世界知识产权组织管理的版权及相关权条约指南》针对该条明确指出，对表演者的定义已延伸至民间文字艺术表现形式的表演者，这一做法意味着在国际层面上取消了对"表演者"和"表演"概念的陈旧的、不合理的限制，并可能通过提供一种间接形式的知识产权保护，促进对创作了有关民间文字艺术表现形式的那些社会群体的合法利益的保护——其中"延伸、限制、间接"等用词都意味着民间文字艺术表现形式与作品并列，且本身不构成作品；另一方面，WPPT和《世界知识产权组织管理的版权及相关权术语汇编》显示，"作品"的对应英语单词应是work\works，如literary or artistic works（文学艺术作品）、work made for hire（雇佣作品）、work of applied art（实用艺术作品）、work of architecture（建筑作品），所以"民间文学艺术作品"应该是work of folklore而非expressions of folklore。

此后的《视听表演北京条约》使这一问题更为清晰，条约中文文本将expressions of folklore明确翻译为"民间文学艺术表达"。《视听表演北京条约》将WPPT对民间文学艺术表达表演者的保护从录音制品扩展至视听录制品，使保护范围能够适应现今社会发展。

### ▶ 2.6.3 积极与防御性保护框架

基于世界知识产权组织的研究，对传统文化表现形式的保护框架可以大致分为积极保护和防御性保护两个方面。

积极保护，即指通过知识产权制度使持有人在愿意时可以获取并主张对传统文化表现形式的知识产权，这可以让持有人防止第三方进行其不希望的、未经授权的或不适当的使用（包括文化冒犯性或诋毁性使用），也可让持有人通过授予许可对传统文化表现形式进行商业化利用，从而对其经济发展作出贡献。简言之，即通过授予权利实现激励、促进与保护。

具体而言，一是表现为利用现有的知识产权法和法律制度为民间文学艺术表达提供保护，包括进行相应的延伸或修改。在版权及相关权领域，WPPT和《视听表演北京条约》对民间文艺表演者的保护就是提供相关权保护，而对于传统文化表现形式进行的现代原创演绎，则可能受版权保护，同时版权还可以保护作品不被侮辱性、诋毁性、冒犯性、歪曲性或贬低性的使用；商标、地理标志和工业品外观设计保护以及反不正当竞争法，也可向传统文化表现形式提供直接或间接的保护。二是传统知识产权制度有时被认为不足以应对传统文化表现形式的独特特征，尤其是对传统文化本身而非现代演绎品进行保护，这促使一些国家和地区为妥善保护而设计了新的、独立的专门制度。此外也存在一些非知识产权选项，例如，贸易惯例、消费者保护和商品标注法规；使用合同、习惯法和土著法及规约；文化遗产保护；民事责任和普通法补救措施，如不当得利、隐私权、亵渎行为和刑法保护等。

防御性保护，则旨在防止第三方非法获取或持有知识产权，如防止将基于传统医学知识的产物申请专利，或将神圣的文化表现形式（符号或文字等）注册为商标。作为应对方案，可编制专门数据库、文献和指南，要求专利申请人披露所用的或者有其他关联的传统知识和遗传资源，强化事先知情同意（PIC）、共同商定条款、公平和公正分享利益以及公开来源等义务。

除此之外，2007年《联合国土著人民权利宣言》规定了土著人民享有的权利。根据该宣言和一些国家法律规定，土著人民对文化遗产、传统知识和传统文化表现形式的知识产权享有维持、控制、保护和开发的权利。

**笔者的话** 与本议题相关的非物质文化遗产保护案例，推荐参阅最高人民法院指导案例80号：洪某远、邓某香诉贵州五福坊食品有限公司、贵州今彩民族文化研发有限公司著作权侵权纠纷案。此外，世界知识产权组织出版了一系列介绍遗传资源、传统知识、传统文化表现形式、传统手工艺品、艺术节等知识产权保护的出版物，感兴趣的读者可在其官方网站进一步查阅。

## *2.7*
# 专论：药品说明书的法律保护

一段时期，法院对是否向药品说明书提供著作权保护的不同态度，使说明书的法律保护问题再一次进入人们的视野。其中值得我们关注和探讨的问题是：药品说明书能否成为受著作权法保护的作品？如果不能，是否有必要对其提供其他的法律保护，又应如何进行保护？对这些问题的解答，不仅能够使我们从理论上厘清药品说明书的法律地位和属性，而且可对规范药品生产企业行为、维护企业合法权益起到助益。

### ▶ 2.7.1 说明书的著作权分析

#### 2.7.1.1 说明书可以具备独创性

说明书是否能够受到著作权法保护，关键在于其能否成为著作权法意义上的"作品"。《著作权法实施条例》第二条对受著作权法保护的作品进行了定义，即"指文学、艺术和科学领域内具有独创性并能以某种有形形式复制的智力成果"。其中我们主要需要对说明书的独创性进行分析。按照学界的通常认识，独创性包含"独"和"创"两个方面，不但要求作品系作者独立创作、源自作者本人，而且必须达到一定的智力创造高度，体现作者富有个性的判断和选择。在此我们可以进一步限缩讨论范围，说明书的撰写是否符合要求，需要我们着重考察其内容是否能够达到"作品"所必需的智力创造高度。

笔者认为，说明书的独创性和包含在其中的独特智力创造可以体现在"写什么"和"如何写"两个方面，前者是指对可选项目和全部材料的选择、取舍、组织和编排，后者则是指每一具体语句的表述。

在"写什么"方面，有学者认为，产品说明书虽然是对机器功能、构造的客观反映，但是如何表达出机器的功能、构造、参数等，仍能体现出作者的取舍、选择、安排、设计，这便体现出了独创性。[1] 对此笔者完全赞同，但需要注意的是，这一观点的适用前提是说明书的撰写项目可供作者自由"取舍、选择、安排、设计"，也就是说存在较大的作者自由创作空间。

而在"如何写"方面，《著作权法》第一条和第三条将法律保护的作品分为了文学、艺术和科学作品三类。科学作品表达或阐述了科学、技术方面的内容，阐述作者在这方面的思想和观点，而说明书意在向产品购买和使用者介绍产品的组成方式、工作原理、使用方法和注意事项等，从文体上来说属于说明文，按其内容无疑应归属科学作品。科学作品不但与文学作品创作目的不同，其表达方式往往也有别于文学作品——科学作品的语言往往更为严谨、客观、简明、直接。因此，受写作文体和篇幅的限制，说明书的创作空间往往要小于一般的文学作品。当然，这并不意味着说明书的具体语言表达就一定没有独创性，但因创作空间受到限缩，说明书的独创性表达更有可能体现在撰写者对项目独特的选择和编排上，尤其是在具体文字的表达方式极为有限时更是如此。

### 2.7.1.2 著作权法并未排除对说明书的保护

一种反对向药品说明书提供保护的观点认为，药品说明书需要由国家药品监督管理局予以核准，是药监部门批准的"药品注册批件"的附件，是药品注册行政许可证件不可分割的一部分；国

---

1　陈锦川，《著作权审判原理解读与实务指导》，法律出版社2014年版，第3页。

家药品监督管理局是药品说明书的制定和发布主体，有权对其进行修改。因此，药品说明书属于具有行政性质的文件。根据《著作权法》第五条第一项的规定，该类文件不适用著作权法，故药品说明书不应受到著作权法保护。对此观点，笔者并不赞同。

根据《伯尔尼公约》第四条第二款，对立法、行政或司法性质的官方文件及其正式译本的保护可由成员国国内立法自由规定，但该公约及其指南并未对"行政性质的官方文件"进行定义。虽然如此，但基于行政法和著作权法原理，我们仍可以认为，这一官方文件应当是行政机关（公法人）的法人作品，其由行政机关主持创作，代表行政机关意志，并由行政机关承担责任；由于此类作品代表行政机关的特殊性，个人无法以自己的名义发布和承担责任。从这一方面看，药品说明书即使需要通过药监部门的核准，其似乎仍与行政性文件相距甚远。首先，著作权法上作品归属的一般规则是"谁创作、谁享有"，或者可以说著作权法关注谁为作品作出创造性贡献（原创性表达），尤其在大陆法系浪漫主义作者观的眼中尤应如此，只有少数特殊情况时，作品著作权方能由主持、投资或委托方享有，而这些特殊情况中显然不包括所谓的"核准"。核准是行政机关进行社会管理的常用方式之一，但认为行政机关的核准可以褫夺作品的著作权，显然是毫无法律依据和说服力的。其次，药品说明书能否通过核准固然要由药监部门依法判断，企业为了通过核准可能会根据行政机关的要求对药品说明书进行修改，但即使这样，我们仍无法认为药品说明书体现了行政机关的意志。这样的修改更多体现的是法律的要求而非某个机关特殊的要求，且根据《著作权法实施条例》第三条第二款的规定，为他人创作提供咨询意见不视为创作。而《药品说明书和标签管理规定》第十二条规定："药品生产企业应当主动跟踪药品上市后的安全性、有效性情况，需要对药品说明书进行修改的，应当及时提出申请。根据药品不良反应监测、药品再评价结果等信息，国家食品药品监督管理局也可以要求药品生产企业修改药品说明书。"可见药品说明书的修改主体应是制药企业。退一步说，即使药监部门可以修改药品说明书，也不能因此证明其享有了作品著作权，我们完全可以认为法律中包含对修改的许可，或因履行职务而对侵权的阻却。再次，药品说明书只会单独或随产品一同以企业的名义对外发布，而非以监管部门的名义发布；药品说明书上甚至只会标明药品生产的批准文号，而没有任何表明药品说明书通过某机关核准的内容。最后，如果药品说明书出现错误，行政机关往往可以其对药品说明书内容仅进行形式审查为由来免除自身责任，最终为药品说明书负责、承担责任的主体只会是生产企业。

可以举个与之类似的例子。根据《海洋环境保护法》第四十七条的规定，海洋工程建设项目在可行性研究阶段须编报海洋环境影响报告书，由海洋行政主管部门核准，并报环境保护行政主管部门备案。[1] 该报告书经过海洋行政主管部门核准后，报告书的作者是否便成了行政机关呢？恐怕该报告书不会以行政机关的名义发布，行政机关更不会对报告书的内容提供保证并承担责任吧。同样地，有法官认为，行政公文是由行政机关的工作人员撰写的，形成于行政管理过程中，具有法定的效力和规范体例格式，服务于行政管理活动。由于药品说明书的责任主体并非行政机关或其工作人员，而是药品研发生产企业，药监部门只是对药品说明书进行审核管理的主体，而非撰写、修订的责任主体；撰写药品说明书的根本目的是指导医生和患者用药，服务于公共健康的需求，而不是服务于行政管理活动，相反药监部门的行政监管活动也是服务于公共健康的终极

---

1 2023年修订的《海洋环境保护法》已删除了该条规定。

目的的。因此，不宜将药品说明书认定为行政公文。[1]

### ▶ 2.7.2 药品说明书的撰写限制

虽然普通说明书可以成为著作权法意义上的作品，但我们更需留意的是，法律及著作权法原理对药品说明书作出的多重限制极大限缩了其自由创作的空间，甚至会导致其无法取得著作权。笔者将这些限制归纳为如下几点：

一是格式的限制。我国《药品管理法》《药品说明书和标签管理规定》《化学药品和治疗用生物制品说明书规范细则》等对药品说明书必须包含的项目作出了明确规定。如《药品管理法》第四十九条第二款规定，药品标签或者说明书应当注明药品的通用名称、成份、规格、生产企业、批准文号、产品批号、生产日期、有效期、适应症或者功能主治、用法、用量、禁忌、不良反应和注意事项。撰写项目的限定在很大程度上限制了药品说明书自由创作的空间，尤其使撰写者难以对项目进行选择、取舍和编排，使说明书在材料选取、谋篇布局上难以体现出独创性。

二是用语的限制。如上文所述，药品说明书受自身属性、目的、篇幅等的限制，语言必须严谨、简洁、易懂，这便限制了撰写的风格和表达。同时对药品说明书中的一些项目，如性状、用法、病症、不良反应等，必须采用标准的用语和表达。《药品说明书和标签管理规定》第十条规定："药品说明书对疾病名称、药学专业名词、药品名称、临床检验名称和结果的表述，应当采用国家统一颁布或规范的专用词汇，度量衡单位应当符合国家标准的规定。"

---

1 丁文严，"药品说明书著作权问题的成因及解决路径"，载《法律适用》，2012年第6期，第90页。

而对于很多其他的内容，也已经形成了较为常用的撰写用语和固定的表达方式。文字表述规范、准确、简洁是对药品说明书撰写的基本要求，而为实现这一要求，药品说明书在用语上往往趋于平常。

三是审批的限制。药品说明书需要由国家药品监督管理局予以核准，这一核准关系到药品的上市时间，直接影响着企业的经济利益。药监部门的审核不但排除了药品说明书标新立异的可能，而且使企业为了能顺利、快速地通过审核而在药品说明书的撰写上愈发谨慎、中规中矩——其往往会选择惯常的格式、项目、用语及表述方式，这甚至成为撰写者竭力追求的目标。由此，便使大多数的药品说明书往往千篇一律，更无独创性可言。

四是著作权法原理的限制。除法律规定必须标注的"必选"项目外，一些药品说明书还具备一些"可选项目"，如对药物相互作用、药理作用、药品毒害等的说明，尤其是描述动物或人体试验过程、数据和结论，这些"可选项目"往往是使药品说明书成为作品的最后倚仗。对此类项目的选择似乎依然难以体现作者个性，而判断其表达是否可受著作权法保护，则需要引入一条著作权法的基本原理——著作权法不保护事实。为防止权利人对事实乃至思想进行垄断，著作权法不保护对事实的简单描述。当对某种思想只有一种或有限的几种表达方式时，该有限的表达同样不受保护，这一排除原则被称为"混合原则"。《著作权法》规定不保护时事新闻同样也有这方面的考虑。[1] 而如前文所述，因受文体限制，药品说明书在用语上往往追求简洁，这便导致了其中对实验过程、数据和结论的描述十分简单，与对事实的简单介绍十分趋近。例如，一份药品说明书在"药理作用"部分写道：临床研究表明，血压正常及未经过治疗的高血压病人局部使用时，没有显示由于×××（药物名）吸收

---

1 另外的考虑是促进传播，保障信息的交流，满足公众的知情权。

而引起的全身作用；另一份说明书对药物实验这样描述：健康志愿者静脉滴注×××（药物名）6.0g后，×××的峰浓度为……药时曲线下面积为……消除半衰期为……可以看出，在用语简洁的要求下，对实验过程、数据和结果的描述方式都是十分单一的，足以认定其为单纯事实，或适用"混合原则"。需要强调的是，虽然实验结果和数据都是原创的，企业还可能为实验投入了大量资金，但这些与撰写者对实验的描述是否受著作权法保护并无关系。著作权法仅关注表达的独创性，"额头流汗"原则的废弃与现行《著作权法》未对无独创性数据库提供保护都是很好的佐证。实验的原创与资金的投入并不能为具体表达获取著作权法意义上的独创性提供帮助，而当思想与表达发生混合、单纯事实可能被垄断时，更应排除对表达的保护。

## ▶ 2.7.3 可能的保护路径

药品说明书的"必选"项目独创性空间十分有限，尤其是同类药物更是如此，而"可选"项目对实验过程、数据和结果的描述又属于不受著作权法保护的"事实"。因此，笔者同意符合著作权法对作品要求的药品说明书能够成为作品、受到著作权法保护，其是否符合要求需要在个案中进行判断；同时认为通常的药品说明书很难具备独创性，无法成为著作权法保护的作品。

但是我们同样看到，一方面，企业往往需要花费很多心血，投入大量人力、物力和资金进行药物实验，方能得到较为客观、符合相应标准和要求的实验数据，法律对企业的这一投入不予保护，放任其他企业抄袭，是不公平的；另一方面，药物实验结果直接关系到消费者的生命健康，而对同类药物的每一次实验都是一个相互验证、发现问题、去伪存真的过程，企业不进行实验而只是简单抄袭他人的实验结果，无疑会使要求进行实验的目的大打折扣，更难以保证产品的安全性，对此法律理应发挥价值导向作用，给予否定评价。

同时笔者认为，企业从事这一抄袭行为至少还会为其带来以下竞争优势：一是费用的节省。企业选择抄袭而不是进行实验，便节省了本应在实验方面投入的人力和资金，使企业可以在其他方面加大资金投入，增强企业竞争力。二是时间的节省。从实验到审核需要经过一段时间，而抄袭其他企业的说明书则可使自己的药品说明书在较短时间内通过审核，时间的节省使产品能够提早上市，可以尽早抢占市场空间。三是提升吸引力。药品说明书中不应有暗示疗效、误导使用和不适当宣传产品的内容，但真实客观、能够证明产品功效的实验结果本身就是对产品最好的宣传，附有这样内容的药品说明书也能够增加产品的市场吸引力。抄袭行为确实有利可图，给企业带来市场竞争优势，但这一优势的获取是建立在不劳而获、不正当利用他人劳动成果的基础上的，这样的竞争手段显然违反市场竞争标准和规则，有悖于商业伦理和商业道德。

综上，笔者认为，一方面对药品说明书中的实验数据确有保护的需求和必要，另一方面其他企业通过不正当手段谋取竞争优势的行为具备法律上的可责难性，这两方面均要求我们通过法律对其进行调整。此时较为合适的是适用《反不正当竞争法》的一般条款，为企业的实验数据提供保护，对其他企业不劳而获的不正当竞争行为予以规制。需要说明的是，对于同种药物，采用相同的实验过程，选取相同的参考项，实验结果很可能会相似甚至相同，对此可以要求企业提供实际进行实验形成的原始材料作为抄袭指控的相反证据，这也并不会给企业造成过重负担。

笔者的话

关于此问题的较早案例，可参阅《药品说明书算不算著作权法上的"作品" 佛山中院给出否定答案》一文，载《人民法院报》2013年10月23日第三版。

# 3

# 著作权的
# 新类型客体探讨

## 3.1
# 人工智能生成物的争议与风险

### ▶ 3.1.1 人工智能的早期应用："机器人记者"

　　传统著作权法理论认为，作品是作者人格的体现，只有自然人才能创作作品，在特殊情况下，尤其是在反映拟制人意志时，法人和其他组织可以被视为作者；但动物和机器，无论何时都不能成为作者，哪怕其创作物具备了作品的其他特征。而现在，人工智能技术的发展向这一观点发起了挑战——美联社的"机器人记者"每个季度撰写3000篇新闻报道，Google翻译已可提供符合基本语法规则而非仅对单词翻译的结果。人工智能的进步不禁使我们心生疑惑，像这样由人工智能生成的创作物，是否可以享有著作权呢？

　　抛开作者身份不谈，这些创作物要想成为著作权法意义上的作品，必须满足积极和消极两个方面的条件。积极条件是指，创作物需要具备著作权法要求的独创性，即属于原创且达到最低限度的智力创造高度；消极条件则是指，创作物不属于著作权法不保护的范围，如思想、与思想混合的表达、实用功能、单纯事实、官方文件等，以防止对思想、事实等的垄断。而反观人工智能的创作物，即使其具有一般文字作品的特征，却很容易因符合消极条件而被归入著作权法不保护的范畴。例如"机器人记者"撰写的新闻报道，往往只是按新闻六要素搭建起来的对事实的简单描述，而缺乏对事实的深度评论，只能被归于不受著作权法保护的单纯事实消息（时事新闻）；而机器翻译所依凭的只有基本的词典释义和语法规则，无法与具体语境相匹配，更遑论对翻译"雅"的要求，可以说任何人依据相同规则均会得到相似结果，并不具备独创性。由此笔者认为，就目前的人工智能创作物而言，即使读者无法区分其是不是真人创作，也只能证明创作物符合文体和语法要求，并不意味着可以成为受著作权法保护的作品。

然而，笔者并非想要贸然否定这些创作物的可版权性。人工智能的优势即在"智能"二字，它是可以通过学习而进化的，科技发展的日新月异也要求在分析相关问题时必须具备前瞻的视角。我们完全可以合理想象，未来人工智能在对丰富语料库进行学习后，可以撰写出对事实的评论，尽管可能不是深层评论（可以想想现在的各类申论写作模板），由此便可跳脱出单纯事实消息的范围。而通过对语境的进一步区分和对某一翻译家遣词造句风格的学习，机器翻译的结果甚至可能达到以假乱真的地步。技术爆炸使这一目标离我们并不遥远，到那时著作权的边界是否又该重新划定呢？在满足著作权法要求，即前文所述两个条件的情况下，人工智能创作物至少从内容上是足以成为作品的，此时又会回到本文开头提出的问题：虽然创作物"看上去很美"，但机器知道什么叫"人格"和"个性"吗？其创作物又是不是"智力创造"呢？实际上，这一障碍并不是无法逾越的，尤其是当创作物足以反映某主体的意志或个性，或将"先占"引入无形财产制度时。

笔者认为，对创作物可版权性进行检验，最终还是要回归到著作权法的基本目标，即法律赋予作者有限时间的垄断权，最终是为了激励创新，增进社会整体福利。在技术变革等新环境下，对著作权法规则的解释和拓展也应遵循这一基本目标。在此目标下，是否给予人工智能创作物以垄断权，其实是一个政策考量的问题，重点还是要考虑个人与社会、竞争与保护间的平衡关系。在衡量中可以考虑的是，人工智能的普遍使用会使创作过程愈发向"微不足道"靠拢，同时创作物的内容也可能会出现新一轮的趋同，这些都会削弱给予其版权保护的正当性。而探究新闻和机器翻译等提供者的营利模式，也对分析给予版权激励的必要性有所助益。此外，法律对人工智能创作物可能提供邻接权或反不正当竞争（包括商业秘密和防止不劳而获）等保护，本文不再展开论述，笔者也无意眺望人工智能获得所谓独立意志的虚幻场景。

法律与社会的双向互动是一个永恒的话题。新技术戏剧性地改变了知识产权的实践方式，使法律和政策也需要随之调整，与相应领域的技术背景、哲学基础、经济学分析和社会样态交织，编织成协调自洽的瑰丽图景，完成又一次的深刻变革。

## ▸ 3.1.2 人工智能生成物的著作权之争

在为社会带来深刻变革的同时，技术发展与进步往往也会催生对现行法律制度的种种挑战。如伯尔尼公约时代并不存在交互式传播的互联网，卫星传输方兴未艾，对电影制作也只停留在录制这一种方式上，等等。时下，随着大数据与人工智能等先进技术得到普遍重视并被广泛使用，围绕人工智能生成物的著作权问题也展开了激烈争论。

对人工智能生成物可版权性的质疑主要体现在两个方面。一是在主体方面，基于著作权法传统理论，学者普遍认为只有人才能成为作品的作者，也只有人才能成为法定权利（包括著作权）的主体。人工智能并不符合这一条件，因此无论其生成物是否满足著作权法对作品的其他要求，均不应成为著作权法意义上之作品。此外，著作权法赋予作者对作品一定时期的垄断权，旨在鼓励创新、繁荣文化，这一目的显然也不会对人工智能提供任何激励。与此相关的，此前曾引起广泛关注的猴子自拍照案，美国联邦第九巡回法院认为猴子不能以它自己所拍照片的版权受侵犯而提起诉讼，即否认了猴子的作者身份及诉讼主体资格。而在近期的人工智能Dabus申请专利事件中，欧洲专利局（EPO）亦认为，发明人必须是人类而不能是机器，由此拒绝了该专利申请。二是在客体方面，目前的人工智能生成物很多即使具有一般文字作品的特征，但内容的创造性程度不高，因而易被归入著作权法不保护的与思想混合的表达、单纯事实等范畴。例如，前文已述的"机器人记者"撰写的新闻报道，因其往往只是按新闻六要素搭建起来的对事实的简单描述而缺乏对事实的深度评论，因此属于不受著作权法保护的单纯事实。

针对上述疑问，也存在相应的回应。在主体方面，较为有力的反驳观点是"工具说"，即认为人工智能只是人类使用的、用于创作作品的工具。与猴子自己按下快门不同，人工智能对材料的选择和编排并非机器自主意识的产物，而是由人类预先设置的算法和模型等所决定的，这与人身体力行从事相应工作没有区别，是"人的手臂的延伸"；与摄影师使用照相机拍摄照片一样，均是人类对工具的利用与借助，所产生的作品还是人类而非机器的作品。

而"法人说"则认为，与职务作品不同，法人作品本身并非根植于大陆法系的浪漫主义作者观，其注重作品的财产权利归属，而对作品的具体创作过程及其中特定自然人的贡献则未给予过多关注。我国《著作权法》对法人作品仅有法人组织、代表其意志、由其承担责任的要求，英美等国家也认可对作品的"投资取得"，因此人工智能生成物成为法人作品并不存在障碍。赋予人工智能生成物以著作权也会对其控制主体提供更大激励。

在客体方面，随着人工智能在各领域的广泛运用，其生成物早已不再局限于新闻报道、图表等简单内容，而是以分析报告、文学作品等具有更高独创性的形式呈现，如"微软小冰"写的诗歌。不难想象，在今后这类生成物的类型还会增多，质量也会越来越高。

对这一话题的研究与争论远未结束。随着讨论深入，一些新疑问也逐渐被提出。一是提供保护是否还需要具有创作作品的意图。如某人不小心碰到了墨水瓶，正好在白纸上形成了一幅"墨珊瑚"图，该图并非基于作者创作作品的意图形成，是否可成为美术作品？而如果对人工智能最终将形成何种生成物无从知晓，相当于创作者对自己最终将创作出何种作品一无所知，是否属于缺少创作意图？二是如果最终生成物处于不可预知状态，又如何融入和反映人类"作者"自己的独特个性，这属于所谓的"即兴创作"吗？三是即使将人工智能视为工具，如果任何人使用相同工具、输入相同信息均会得到相同结果，该生成物是否仍具备作品的独创性呢？此外，对人工智能生成物是否应提供反不正当竞争法保护，提供后是否仍有必要提供著作权法保护？

2019年国际保护知识产权协会（AIPPI）伦敦大会决议对此提供了一定参考。该决议认为，人工智能生成物只有在生成过程有人类干预的情况下才可能获得版权保护，其独创性也产生于生成过程中的人类干预。同时，这一人类干预并非在生成物形成前创建人工智能系统，亦非在形成后对其进行最终的选择，而是在形成过程中对输入的数据或其筛选标准由人类选择确定。

笔者认为，这其实可以类比为人类安装自动照相机或对该相机自动拍摄的照片进行选择的行为均无法使照片成为摄影作品，只有人为介入作品创作过程，对相机的拍摄对象、参数和时机等进行设置方有可能。这一观点也反映了当前对人类参与度、贡献度等所起作用的较为普遍的看法，即如果缺少人类干预，人工智能的"雇主"、程序发明者或被猴子抢走相机的人，在主张继受权利时均应被拒绝。上述伦敦大会决议是对"工具说"的进一步厘清，但对上述问题仍有继续讨论的必要。

### ▶ 3.1.3 争议的新发展：关键词说

　　在2024年，人工智能生成物可版权性的支持者增加了一项新的论证理由，笔者将其概括为"提示词说"。催生这一学说的背景可能是，一方面，越来越多的人开始质疑，人工智能的使用者对成果的生成究竟投入了多大的智力贡献，如将其输入的数个提示词与生成的成果对比，前者是否过于微不足道，或者这样的作品创作过程是否太过容易；另一方面，亦如笔者在前述旧文中提到，鉴于人工智能生成结果的随机性，如果"作者"自己都不知道将创作出何种作品，这样的作品还能算是其创作的吗？为回应这些质疑，支持可版权性者提出，人工智能使用者的智力创造并不直接体现于生成结果本身，而是体现在其对提示词的选择上，尤其是体现在根据人工智能生成结果多次调整提示词方才获得最终成果上——提示词选择与多次调整的累加最终反映了使用者的个性。

　　要评价这一观点，可以先提出一个问题：仅对作品提出修改意见，可以成为合作作者吗？这似乎属于著作权法的常识问题了，在此仅附上法条——《著作权法实施条例》第三条第二款规定："为他人创作进行组织工作，提供咨询意见、物质条件，或者进行其他辅助工作，均不视为创作。"

　　笔者由此想到，人工智能使用者反复修改提示词，是否可视为其对人工智能的生成结果多次提出修改意见？申言之，鉴于人工智能生成结果的随机性，一方面，从提出修改意见（调整提示词）后到拿到修改结果（生成的新内容）前，提出意见者虽然知道作品的修改方向，但无法预见最终呈现的结果，并很可能对该结果不满意而再次提出修改意见；另一方面，修改意见往往不会对最终成果的具体表达作出明确指示，提示词亦同。可想而知，如果提示词能直接决定具体表达，而不依赖人工智能的算法并忍受其随机性，那输入一次便可直接得到想要的结果，又有何反复修改的必要呢？同时通过实际运用可知，即使对同一组提示词，人工智能往往也会生成相似但并不完全一致的结果，笔者也认为很难存在通过堆叠足够多的限定词而决定生成结果具体表达的情形。

此外，虽然很罕见，但如果使用者一定要对生成结果具体表达作出极为明确具体的指示，则与传统的将提出修改意见与参与作品创作相区分的理论并无二致，笔者并不否认其会因参与创作而成为"合作作者"，但应该说这类"提示词"已经不是我们通常所讨论的提示词了。美国版权局也认可此类对作品具体表达作出的贡献，只是要与另一"合作作者"——人工智能的创作相区分而独立进行保护。但需注意，完全忽略算法与生成结果的随机性，把人工智能想象成为精确的画笔、如臂使指，这绝非常态。

综上，笔者认为，大多数情况下，即使人工智能使用者对提示词的选择和修改投入了大量智力劳动，这一输入和调整的过程也只能视为是对作品创作及修改提出意见，而并未直接参与和决定作品的具体表达；相应地，提出修改意见者也不能因此成为作品作者。

## ▶ 3.1.4 被告席上的人工智能

ChatGPT引发了对人工智能的又一轮热议，在人们纷纷把目光集中在谁来享有和如何保护人工智能红利时，近日美国的三位插画艺术家将知名人工智能图片生成软件Stable Diffusion、DreamStudio、DreamUp、Midjourney等的运营者告上了法庭，指控内容包括侵犯版权、违反数字千禧年版权法案、侵犯公开权、违反服务条款、不正当竞争和不当得利，意在寻求损害赔偿和禁令救济。该案目前由美国加利福尼亚州北区地方法院审理。 这一诉讼在某种程度上反映出当下对人工智能发展及产物生成方面存在的深深忧虑:一方面,人工智能在生成产物的过程中是否可能构成侵权;另一方面,也是最重要的,最终产物所蕴含的利益应如何分配。

关于AI训练过程中的著作权侵权,以Stable Diffusion为例,其在LAION-5B数据集上进行了训练,LAION-5B包含58.5亿个图像文本对,大部分图像均为美术或摄影作品,且受版权保护。就目前技术实践而言,用于训练AI的作品均存储于本地硬盘或云端服务器中,这也是出于用同一样本进行反复训练的要求;从训练效果和运算能力方面考量,都无法支持随意爬取数据并在内存中短暂进行计算的方案,亦即目前基本可以排除临时复制形态。故AI训练过程中作品复制件的储存行为应受作品著作权人复制权的控制。后续的问题是,这一行为属于对作品的合理使用吗?笔者认为,在《著作权法》第二十四条对作品合理使用的列举中,与之相关的似乎只有为个人学习、研究目的而使用作品,但这里的"个人"显然是指自然人,而不包括法人等组织,否则就没有必要为学校和科研机构等另外作出规定。这一问题在国家互联网信息办公室等于2023年7月发布的《生成式人工智能服务管理暂行办法》中也有所涉及。该办法第七条规定:"生成式人工智能服务提供者(以下称提供者)应当依法开展预训练、优化训练等训练数据处理活动,遵守以下规定:……(二)涉及知识产权的,不得侵害他人依法享有的知识产权……"

AI生成物的著作权侵权问题则较好理解,如果AI生成物直接使用他人作品的一部分,或在他人作品基础上进行演绎,只要最终成果包含、体现了其他作者独创性的表达,就很可能侵犯他人的著作权。根据《生成式人工智能服务管理暂行办法》第四条第三项的规定,提供和使用生成式人工智能服务,应当遵守法律、行政法规,尊重社会公德和伦理道德,尊重知识产权、商业道德。

关于AI训练中数据爬取的不正当竞争,实际上对爬取他人商业数据的不正当竞争行为国内已有不少案例，目前更有望转化为法律规定——《反不正当竞争法（修订草案征求意见稿）》第十八条规定，经营者不得不正当获取或者使用其他经营者的商业数据，损害其他经营者和消费者的合法权益，扰乱市场公平竞争秩序，其中包括违反约定或者合理、正当的数据抓取协议，获取和使用他人商业数据，并足以实质性替代其他经营者提供的相关产品或者服务。此外，大量爬取数据的行为也很可能对其他经营者的服务器等造成大量负担，不合理地增加其他经营者的运营成本，影响用户体验和其他经营者的正常经营。

引起关注的问题还有AI生成物利用的公平性。人工智能用艺术家的作品进行训练，艺术家不但没有从中获得任何报酬，最后市场还可能会被AI所挤占甚至完全替代。诚如前案中所称，艺术家们已经开始体验到这些产品可能给他们的生计带来的经济负担，艺术专业的学生想知道他们是否应该继续保持自己的激情。

对此，一方面，从著作权法角度出发，我们应当反思AI对他人作品的利用是否属于"不合理地损害著作权人的合法权益"，或者考虑利用行为"对作品潜在市场或价值的影响"，尤其当该利用往往出于营利目的时；同时也绝不能认为转化性使用（transformative use）就当然地可以与合理使用画等号。另一方面，从反不正当竞争法角度出发，虽然并非所有不劳而获行为都要由法律调整，但对本文讨论的问题，笔者并不认为这是法律的刻意"留白"，而是技术飞速发展对法律带来的又一新挑战。

在我们对AI产业的孵化及其生成物的保护抱有较高积极性，并尝试通过反不正当竞争法、邻接权或者专门法等各种方式及时对其提供保护的同时，是不是也应驻足去倾听和反思AI浪涛声中隐约传来的作者的呼声，探索建立和完善相应的权利保护与利益分享机制（或可参考追续权、孤儿作品、集体管理等制度）。这或许是出于利益平衡、产业发展、市场激励与文化繁荣，或许也只是因为，人工智能需要对每个人都公平和合乎道德。

**笔者的话**

　　关于人工智能生成物可版权性的案例，可参阅北京互联网法院审理的全国首例人工智能生成图片著作权纠纷案判决（AI文生图）。关于人工智能生成物侵权问题，则可参阅广州互联网法院作出的全球首例生成式AI服务侵犯著作权的生效判决（奥特曼形象）。最高人民法院民三庭原庭长林广海在接受专访时表示，将加快调研人工智能生成物著作权问题，支撑服务生成式人工智能健康发展和规范应用。此外在美国等国家也出现了关于这两个问题的一些案例。值得关注的是，世界知识产权组织官方网站于2024年陆续发布了《生成式人工智能：知识产权导航》（Generative AI：Navigating Intellectual Property）和《人工智能和知识产权：经济视角》（Artificial Intelligence and Intellectual Property：An Economic Perspective）等研究资料（英文版），可登录其官网www.wipo.int/publications下载查阅。

　　关于人工智能的前文未尽之处，笔者想在此提出其他两个问题：一是针对Sora等"文生视频"大模型，哪怕输入一整个剧本，其生成的视频是否也仅能算作改编？（这一问题直接关涉"提示词"说）二是在人工智能时代有"算力即权力"的说法，则下一步的法学研究方向是否也应从数据知识产权转向算力与算法？

# 3.2

# NFT与数字版权实践

时下，NFT（Non-fungible Token、非同质化代币）成为数字艺术品领域的新贵，很多人开始把2021年称为"NFT元年"，NFT一词也成为《柯林斯词典》2021年的年度词汇。《柯林斯词典》将NFT定义为"在区块链中注册的唯一数字证书，用于记录艺术品或收藏品等资产的所有权"。作为名词，该术语描述"通过非同质化代币记录所有权的资产"。[1] 这一新动向或许也会为知识产权法及艺术法领域带来些许变化，包括改变一些数字版权之实践。具体而言，可能会与如下一些话题相关。

## ▶ 3.2.1 发行权：或将用尽

在不考虑追续权的前提下，发行权用尽规则认为经著作权人许可投入流通的复制件，著作权人已从作品的首次复制发行者（一般是出版商）处获得了报酬，因此其不能再凭借发行权控制后续的作品发行流通，亦即发行权业已"用尽"或"穷竭"。发行权用尽规则的制度目的可以说有三项：一是著作权与物权（作品载体所有权）的调和；二是防止过度阻碍作品的商业流通；三是防止著作权人"过度得利"——归纳起来都可以概括为利益平衡。

而在NFT能够保证数字作品复制件"非同质化"，即确保特

---

1 谢廷玉，《"NFT"元年："数字代币"如何席卷了文化领域？》，网址：https://mp.weixin.qq.com/s/nDPkMurppB0kvV5r4ixYrQ，最后访问日期：2024年6月13日。

定、弥封与溯源的情况下，或许可以使发行权用尽这一原本运用于作品有形载体的规则得以拓展至被特定化的无体物，同时将"发行"拓展至无物质载体的、依凭信息网络的情景中；经著作权人许可投放市场的数字复制件得以被轻易识别，也使"数字发行"真正成为可能——当然，此时的"发行"就不再是著作权法意义上的发行，即对作品物质载体的转移了。

申言之，NFT使数字作品复制件被特定化，使其可以实现像转移作品有形载体那样以每一件为单位独立地进行转让，其流转过程通过区块链技术得以清晰记录和呈现。如UsedSoft v. Oracle案[1] 讨论了在线下载计算机程序的行为是否适用权利用尽，同样涉及网络数字作品。在该案中，欧盟法院认为，只要认定计算机软件的作者以销售（或名为许可实为销售）的方式转让计算机软件，后续的二手计算机软件可以自由许可或销售，不构成侵权行为。[2]

我国《计算机软件保护条例》第十六条也有类似规定，即软件的合法复制品所有人可以为了防止复制品损坏而制作备份复制品；这些备份复制品不得通过任何方式提供给他人使用，并在所有人丧失该合法复制品的所有权时，负责将备份复制品销毁。这里的"丧失所有权"显然不会是指因意外毁损、灭失，因为制作备份复制品的目的就是"防止复制品损坏"，所以只能是复制品所有人有意为之，即将该复制件出售或赠与。《计算机软件保护条例》中的"复制品"并非一定要是光盘等可供发行的有形载体，如该条例第三十条规定："软件的复制品持有人不知道也没有合理理由应当知道该软件是侵权复制品的，不承担赔偿责任；但是，应当停止使用、销毁该侵权复制品。"

---

1  CJEU, 3 Juillet 2012, UsedSoft v. Oracle, C128/11.

2  丁建春，《权利用尽原则在数字作品转售中的适用》，网址：http://www.ipr-daily.cn/article_24597.html，最后访问日期：2024年6月13日。

这里的"复制品"显然包括已经安装在电脑硬盘中的软件，而不仅限于光盘、U盘等。由此可见，这些规定并没有强调数字作品的有形物质载体，同时也证明了数字作品实现权利用尽的可能性。

应注意的是，NFT并非著作权法中的"技术保护措施"，其无法防止公众接触和复制作品。而数字作品"发行"的边界也应该很清晰：通过信息网络进行传输时不可构成"向公众传播"，否则即为侵犯作品信息网络传播权。如在NUV & GAU v. Tom Kabinet案中，欧盟法院认为，在线下载提供电子书的行为不属于2001/29/EC指令第4（1）条的发行行为，不受权利用尽制度的规制；该行为应归属于同一指令第3（1）条的"向公众传播"的行为，因为被告通过特定的技术方式满足注册会员以交互的方式选择在其适合的时间或地点获取作品。

## ▶ 3.2.2 复制权：必要步骤

在Capitol Records,LLC v. ReDigi,Inc.案[1]中，美国法院并没有同意欧盟法院在UsedSoft v. Oracle案中的观点，而是认为即使数字复制件原所有人删除了该复制件，新的受让人取得该复制件也需要实施新的复制行为，故在发行权之外侵犯了作品复制权。由此得出，发行权用尽规则不适用于虚拟环境，也就是不存在所谓的"数字首次销售（digital first sale）"。对此笔者赞同欧盟法院的观点，即认为该复制行为不侵权，属于正当取得和使用作品所必需的步骤，应被权利用尽原则所吸收（如果有该原则的话）。或者也可以认为，经铸造NFT的数字作品最主要的交易和流转途径就是信息网络，所以复制是必经的步骤，属于所有前手的默示许可。

1　See Capitol Records, LLC v. ReDigi Inc., 934 F.Supp.2d 640 (S.D.N.Y. 2013).

当然，关于作品发行权与复制权可能会被NFT配套的智能合约（smart contract）所约定。NFT甚至可以实现继续保有对后手市场的控制，也就是可以把许可费内置于智能合约，从而任何时候只要NFT的所有权发生转让，原作者就可以再次获得一笔收益。这与传统文艺、音乐作品的拍卖交易截然不同。[1] 此时可能会出现"有约定从约定"，即当事人意思自治优先的情况。

### ▶ 3.2.3 展览权：原件地位

《著作权法》第二十条第一款规定："作品原件所有权的转移，不改变作品著作权的归属，但美术、摄影作品原件的展览权由原件所有人享有。"因此如果NFT使非同质化的、数字化美术、摄影作品得以取得可被证实的"原件"地位，那么似乎也有适用该条规定的余地。当然其边界也与发行权相同，即不能构成信息网络传播，而仅限线下展览——这本来也是著作权法中"展览"的含义。

### ▶ 3.2.4 侵权抗辩：便利溯源

遗憾的是，NFT仅能展示作品数字件的流转过程，但并不能保证源头具备合法权利，也就是说，著作权人之外未经授权的人也可以为作品复制件铸造上一个NFT。流转过程的清晰呈现使销售者在主张合法来源抗辩时可以很容易地追溯至源头，但这是否能满足合法来源抗辩的要求可能还需要个案分析——通过网络实施的NFT交易，相对方很可能匿名且身处异国，此时抗辩是否合格呢？

---

1　孙远钊，《区块链交易、非同质化代币（NFT）与知识产权》，网址：https://mp.weixin.qq.com/s/xEflJLoRT834VePcDdiviQ，最后访问日期：2024年6月16日。

### ▶ 3.2.5 作者署名：并不相关

本文虽讨论了NFT对数字版权实践的可能影响，但NFT本身仅相当于一枚贴附于作品之上的标签，其既没有创设任何新的知识产权等财产权，也不能保证复制件具有合法的权利来源（因为任何人都可以为作品复制件铸造上NFT），而仅仅发挥了将作品数字件"特定化、弥封与溯源"的作用，故特别需要提醒读者不要产生误解。前文所讨论的发行权用尽与展览权获得，也都以该数字件经作者许可投入流通为前提。

也是基于此，为作品数字件铸造上NFT并不能认为是著作权法意义上的署名，其并不意味着铸造者与著作权人之间有任何联系，NFT也不是著作权权利标记（而是数字件所有权标记）。故对NFT铸造者并不适用《著作权法》第十二条第一款关于作者及存在相应权利的推定。

NFT的大热显然会增加对其的使用，可以想见，其间引发出的新问题也会为法律适用带来挑战，而其所具有的"非同质化"特征或许会使数字版权实践出现变化。在涤除炒作噪声的同时，对其进行冷静、持续的法律观察应会是有价值的。

**笔者的话** 在实践中，将他人作品铸造NFT用以出售牟利的现象较为普遍。国内相关案例，可参阅我国首个NFT侵权案件——《胖虎打疫苗》NFT数字作品侵权案[1]。该案中法院认为，NFT数字作品本质上是民法上的一种财产性权益，因其缺乏有形载体，故不适用发行权，而应适用信息网络传播权。北京互联网法院在另一案件中亦认为，用户无论是在涉案App首页、商品详情页和支

---

1 参见杭州互联网法院（2022）浙0192民初1008号民事判决，杭州市中级人民法院（2022）浙01民终5272号民事判决。

付页面等处浏览到的，还是在购买所谓数字藏品后在其账户中获得的，均为存储于被告服务器中的涉案美术作品的数字复制件，这一过程并不包含对该复制件的转让或者赠与行为，未落入发行权的控制范畴；被告曾将涉案美术作品的复制件从后台上传至服务器，网络用户在App首页即可查看，在商品详情、支付页面以及订单详情处也均显示涉案美术作品，实际已有相当多数量的网络用户以购买数字藏品的方式接触到了该作品，因此被告的行为应当落入信息网络传播权的控制范围。[1] 此外，NFT交易平台的义务与责任也可进一步研究。更多域外信息，则可参阅赵盼盼《NFT治理该何去何从？美国最新调研反馈集合》[2] 一文。

## 3.3
## 沙画的版权保护与归类困境

作为一种新兴的艺术表现形式，沙画频频亮相于各类文艺晚会和电视节目中，也逐渐受到越来越多人的喜爱。沙画是由画师通过双手用细沙在光洁平面上创作而成的图画。在沙画展示过程中，通过画师的动作能使呈现的图画快速变换，图画及其变化往往与特定的乐曲相结合，共同向观众传递一定的思想内涵；与乐曲结合的画面绘制与变换极具艺术韵味，能为观众带来独特的美学体验。

---

1　北京互联网法院，《未经许可展示、销售NFT数字藏品，侵权了！》，网址：https://m.thepaper.cn/baijiahao_27044468，最后访问日期：2024年6月16日。

2　赵盼盼，《NFT治理该何去何从？美国最新调研反馈集合》，网址：https://mp.weixin.qq.com/s/5gZ8Tlztf5guT7e60pltvA，最后访问日期：2024年6月16日。

### ▶ 3.3.1 沙画的界定

当符合作品独创性时，单独的沙画图案可以构成著作权法上的美术作品，这一点自不用多言。本文所要探讨的"沙画"，则是包括与乐曲结合的画面绘制与变换的过程，也就是说，下文中所称的沙画是动态过程而非静态画面。在不过多考虑公共领域的情况下，沙画具备著作权法所要求的独创性是不难看出的，但如果要将这一作品按照《著作权法》所列举的作品类型进一步归类，却可以发现这并没那么容易。

### ▶ 3.3.2 对归入视听作品的疑问

我们可将沙画的内容特征简单概括为画面活动、音画结合，在《著作权法》的列举中，与这一特征最为接近的是"视听作品"。与视听作品相似，沙画也是由一系列有伴音的连续画面所组成，且往往通过摄像记录、通过放映呈现，但是深入分析我们却会发现，沙画其实与视听作品存在本质区别。首先，视听作品往往凝结了导演、编辑、演员、摄制等许多人的共同努力，而沙画则只是画师智慧与个性的反映，两者的创作过程、作品内容与表达呈现皆截然不同。其次，如果认为沙画本身不是作品，被录制后的沙画才是视听作品，则将极大削弱对沙画提供版权保护的意义——依照此种观点，其他画师进行相同的沙画表演或他人未经许可对表演进行现场录像都将不再侵犯沙画作品的著作权，因为沙画是视听作品，视听作品本身是无法被"表演"的，同时也只有复制作品拷贝才侵犯其复制权；相反，如果认为沙画本身即为作品，则著作权法中的复制权完全可以控制以录像等诸多方式复制作品的行为，表演权等权利也能够更好地发挥效用。最后，视听作品吸收融合的特性将其保存方式限制为必须摄制在一定介质上，而除摄制这一最佳方式外，沙画的创作过程尚可以类似舞谱等其他方式记录；同时，以摄制方式保存作品也并不意味着会改变作品类型，就如同对唱歌、跳舞的录制并不会使音乐作品、舞蹈作品转变为视听作品。实际上，沙画作品的内容即为创作过程本身，对沙画的录制仅仅是对画师创作过程的简单记录（往往是对画师创作的画面的全程特写），如同单纯拍摄画家绘画的过程一样，这一对事实的记录本身是没有独创性可言的。

### ▶ 3.3.3 对归入曲艺等作品的疑问

　　另一种可能的答案是，沙画的艺术特征与美术作品或曲艺作品较为接近。但是根据现行法规的定义，美术作品是指"有审美意义的平面或者立体的造型艺术作品"，也就是说，无论是以平面还是以立体方式呈现，美术作品都只能是静态的，并不包含活动画面和连续动作，也不包含乐曲片段；而曲艺作品则被限于"以说唱为主要形式表演的作品"。

　　还有种观点认为，沙画的创作主要是靠画师的动作完成的，其间还包含有配乐，因此可认为是类似戏剧、舞蹈或杂技作品。笔者认为，沙画确实与戏剧、舞蹈作品有相似之处，即沙画作品也可以类似剧本、舞谱的方式被记录，而作品的最终呈现或者说对作品的表演则一定是动态的。然而需要注意，戏剧、舞蹈作品主要是依靠演员自身的动作、姿态、表情、声音等来展现，而沙画更主要的则在由细沙构成的画面的呈现与变化，画师的手部动作本身并不能为作品独创性作出太多的贡献。而提到杂技，我们也许只会想到那些杂技演员的惊险、刺激又富有美感的表演，但根据法规的定义，"杂技艺术作品"可以涵盖很广的范围，指杂技、魔术、马戏等通过形体动作和技巧表现的作品。然而，沙画画面的快速变化虽要归功于画师手部的动作，但这些动作却并不能成为作品的一部分——画师并不是用手部连续动作来独立表达思想感情，而是用来创作沙画作品；如画家绘画时手部的动作并不能被归为美术作品的一部分一样，作品的创作行为与作品本身还是要进行区别的。此外，对杂技类表演是否能成为著作权法意义上的作品，学界尚存诸多质疑。

由上述分析可见，沙画这一作品目前还没有办法被准确归入《著作权法》明确列举的作品类型中去。当然，这并不会使对沙画提供版权法保护出现障碍。无论是国际公约还是我国法律均采取开放性的立法模式，以独创性、可感知、可复制等作为构成作品的要素，满足这一条件的人类创作物即可成为著作权法意义上的作品并自动受到法律保护。

**笔者的话**

这一问题可能在讨论音乐喷泉、灯光秀、无人机群表演等的著作权问题时同样会遇到。这些表演往往可预先以数字化方式（包括指令序列方式）固化存储于芯片中，即以芯片作为其载体，并在此后任意再现。笔者倾向于认为，此类表演与沙画表演均是以活动画面呈现并满足"可感知"的条件，且均可存储于某类载体中供原样再现，故最可能构成视听作品。

# 3.4

# 游戏画面：表意还是炫技

直至2023年，电子游戏画面是否可以成为受著作权法保护的作品依然是理论和实务界争论不休、暂无定论的问题。

## ▶ 3.4.1 游戏画面的定义

游戏画面，一般是指由操作者（电子游戏玩家）控制游戏角色在游戏预设场景中行动所呈现的动态画面，亦即由玩家操作和游戏预设两方面结合而成。需要注意的是，在电子游戏中往往包含诸多组成元素，有的可以单独构成作品，但这与作为讨论对象的游戏画面本身无关；将这些因素掺杂讨论只会使结果愈发混乱，因此在开篇就须予以涤除。这些元素主要包含：游戏角色形象（可能构成美术作品）、游戏场景（可能构成美术作品）、过场动画（可能构成视听作品）、插曲和配乐（可能构成音乐作品）、游戏地图（可能构成图形作品）、实时解说（可能构成口述作品）等。

## ▶ 3.4.2 作品的表意要求

游戏画面欲成为著作权法保护的作品，须具备法律要求的独创性。笔者在此无意分析游戏画面中的艺术创作高度，而只是想提请注意著作权法的基本原理，即作品必须传递作者的情感，表达作者的思想和观点。这是作品的核心价值所在，是促进文化繁荣、推动社会进步的动力，也是法律对作者提供激励的目的。而按照这一标准，部分游戏画面尤其是电子竞技类游戏画面就会被排除出作品范围；而表达观点的游戏画面同样存在，如利用游戏自带地图编辑器再现"镇南关大捷"，"甲午海战"等历史场景，或者游戏本身便具备剧情，完整的一部游戏画面和剧情甚至可媲美电影。

采用这一标准也可与对体育赛事画面著作权的解释进行协调，否则我们将难以回答为什么单纯体育赛事画面没有著作权，而用电子游戏画面方式展现对抗过程（如FIFA、NBA等电子游戏）就具有了著作权。

### ▶ 3.4.3 游戏画面与作品集合

与此相关的常见问题是，游戏画面中包含诸多不同类型的作品，那么游戏画面这一作品的集合是否当然的也是作品？答案是否定的。众多不同类型作品的集合一般有两类，一是电影作品，二是汇编作品，而这两者都需遵循前文的判断标准，且汇编作品还需体现作者独特的判断和选择。例如，对某次画展全过程进行摄像所记录的画面，其中包含有多幅展品画面（美术作品）、展览时播放的背景音乐（音乐作品）和某专家对作品的点评（口述作品），而这样的画面仍有可能只是对事实的单纯记录而无法成为著作权法意义上的作品。

笔者目前暂时认为，对于游戏画面的录制结果，能够传递作者的情感、表达作者思想和观点的游戏画面可以作为视听作品予以保护，而不满足这一要求的则只能视为对游戏操作过程的单纯记录，作为予以录像制品保护。对于画面的实时转播，则似乎与对体育赛事画面的讨论相同，解说、切换等可能会对结果有所影响，保护的途径也可能变为合同法或反不正当竞争法。

| 笔者的话 | 对游戏画面是否可受著作权法保护这一问题目前争议很大，如广州互联网法院（2021）粤0192民初7434号民事判决认为，《率土》游戏运行后，可以呈现一系列有伴音或者无伴音的画面，符合视听作品的一般特征。但是，通过放映装置呈现的视听作品的画面与玩家操作计算机程序调用游戏资源库生成的游戏画面存在本质的区别。电子游戏的独创性体现在游戏规则、游戏素材和游戏程序的具体设计、选择和编排中，并通过游戏画面予以呈现，但是游戏画面的独创性不一定都是游戏创作者的贡献，而且游戏规则对于游戏画面的形成起着至关重要的作用。因此不宜将《率土》游戏整体认定为视听作品，而应 |

当从八种法定作品类型中独立出来，作为一种新的作品类型去认识，被认定为符合作品特征的其他智力成果。而广州知识产权法院（2021）粤73民终883号民事判决则认为，著作权法保护的不是游戏玩法规则本身，而是对游戏玩法规则的具体表达，在本案中可表现为游戏元素及其组合设计中具有独创性的表达部分；《奶块》与《我的世界》虽然存在相同的游戏元素、合成规则及数值设计等，但游戏元素组合所形成的多个要素系统并不完全相同，且两款游戏在玩家角色设定、游戏特色系统、游戏任务设置等均不同，玩家以此为基础的游戏体验也不相同，故难以认定《奶块》整体抄袭了《我的世界》游戏玩法规则。广东省高级人民法院在对《我的世界》电子游戏的另一案——（2021）粤民终1035号民事判决中则认为，所谓游戏画面，是指游戏程序自动或者应游戏用户操作指令临时调取游戏中预设的文字、图片、视频、音频等素材片段，并借助技术设备实时呈现的影像画面（常伴有声音），而游戏整体画面是指游戏运行后形成的全部游戏画面的整体。本案中，涉案游戏整体画面符合类电作品的表现形式、创作性要求和"固定性"要求，且游戏整体画面的"交互性"不影响将其归入类电作品范畴。故涉案《我的世界》游戏整体画面构成著作权法第三条规定的类电作品（即现行法中的视听作品）。可以说，对包含游戏画面在内的电子游戏其作品保护边界本身尚未厘清。与此话题相关的，推荐阅读陈锦川老师《网络游戏是一种独立于其他作品的新的作品类型吗？》[1]一文。

---

1　陈锦川，《网络游戏是一种独立于其他作品的新的作品类型吗？》，网址：https://baijiahao.baidu.com/s?id=17679204649864446777&wfr=spider&for=pc，最后访问日期：2024年6月14日。

# *3.5*
# "大数据"的法律保护

## ▶ 3.5.1 引言：何谓"大数据"

随着高新技术的飞速发展，"大数据"已逐渐从预言变为了现实，其不仅被运用在国家治理、经济发展和社会民生等至关重要的领域，也为百姓的日常生活带来切实便利，更成为具有较高经济价值的交易商品[1]，因此愈发成为整个社会共同关注的热门话题，也随之进入了持续与社会双向互动的法律科学的视野。但梳理我国现今关于"大数据"的法学研究成果可见，学者的目光多集中于对个人信息和个人隐私等的保护方面，而对作为某种或某些财产权益客体的"大数据"则研究甚少。实际上，厘清"大数据"中所包含的财产权益，不仅能够定分止争，维护正常社会经济秩序，更能够通过对"大数据"的开发和运用提供有效法律保护，激励和促进行业发展，最终为国家和社会发展提供强劲推动力。

做这一研究的前提是对作为分析和讨论对象的"大数据"进行清晰界定。目前国内外关于"大数据"的出版物很多，对其的描述和定义也丰富多样，确立权威或通用定义较为困难。例如，首次提出"大数据"概念的Gartner认为，"大数据"是需要新处理模式才能具有更强的决策力、洞察发现力和流程优化能力的海量、高增长率和多样化的信息资产；麦肯锡全球研究所给出的定义是："大数

---

1 如据贵阳大数据交易所官方网站首页显示，截至访问时其交易总额为388048万元。参见贵阳大数据交易所官方网站首页，网址：https://www.gzdex.com.cn/，最后访问日期：2024年6月14日。

据"是一种规模大到在获取、存储、管理、分析方面大大超出了传统数据库软件工具能力范围的数据集合，具有海量的数据规模、快速的数据流转、多样的数据类型和价值密度低四大特征；国际数据公司（IDC）从大数据的四个特征来定义，即海量的数据规模、快速的数据流转和动态的数据体系、多样的数据类型、巨大的数据价值；维基百科对"大数据"的定义是"无法在可承受的时间范围内用常规软件工具进行捕捉、管理和处理的数据集合"。[1] 定义群中，引人瞩目的是《贵州省大数据发展应用促进条例》[2] 中所给出的定义，即大数据"是指以容量大、类型多、存取速度快、应用价值高为主要特征的数据集合，是对数量巨大、来源分散、格式多样的数据进行采集、存储和关联分析，发现新知识、创造新价值、提升新能力的新一代信息技术和服务业态"。作为全国首部大数据地方性法规，其对"大数据"的定义较为审慎、切合实际。笔者认为，这一定义中实际上含有对"大数据"的两层理解：一是其为某种数据集合，二是也包含对数据进行采集、存储、分析和传输等的服务行业[3]。这样进行定义不难理解，该条例既要规范和促进数据的采集、使用，又要促进行业健康发展。而本文所关注和讨论的对象，则仅仅指向前者，即可能成为某种财产权益客体的"数据集合"本身。

对"大数据"的法律保护，可以从一般财产权、著作权和反不正当竞争三个角度进行分析，以下逐一论述。

---

1 贵阳大数据交易所，《2016中国大数据交易产业白皮书》，第1页。

2 该地方性法规于2016年1月15日经贵州省第十二届人大常委会第二十次会议通过，同年3月1日施行。

3 通常包括数据源、大数据硬件支撑层、大数据技术层、大数据交易层、大数据应用层与大数据衍生层等。

## ▶ 3.5.2 一般财产权

对数量巨大、来源分散、格式多样的数据进行采集和存储需要投入大量资金、付出辛勤劳动，而所获得的成果也具有较大经济价值，从自然法角度出发，创造者对其有价值的劳动成果理应享有某种财产权益，至少应受到关照一般财产的传统民法的保护。但是我们会发现，"大数据"类数据集合具有典型的无形性、非独占性特征，权利人无法通过物理上的占有来对其进行垄断和支配，任何人对其进行使用均不影响及排除他人同时使用，且不影响其质量，这也极大限制了其可让与性。这已超越了传统民法上一般财产的范畴，而与智力成果等无形财产极为切合。实际上，由信息构成的成果之所以能够成为法律上的财产，是出于推动科技发展、社会进步和保护某些特定利益的公共政策需要；其能够被承认为财产以及财产权的范围如何，都取决于法律的界定，它的变化与扩张也需要得到法律的确认。[1]

对"大数据"应交由何种法律规范来调整，是一般财产权或设立准物权，还是保护无形财产的特别法或另立新法专门赋权，成为立法者需要思考的难题，这也直接反映在近期的立法活动中。在全国人大常委会初次审议的《民法总则（草案）》[2] 第一百零八条第二款第八项中，起草者认为"数据信息"是知识产权的客体，并在草案说明中表示这是为了适应大数据时代的发展需要，但在该草案二次审议稿直至正式颁布施行的《民法总则》中却都删除了该项，而改为在第一百二十七条规定"法律对数据、网络虚拟财产的保护有规定的，依照其规定。"根据立法者的说明，在立法过程中对是否规定和如何规定数据存在较大争议，最终《民法总则》只做了原则

---

1　王迁，《知识产权法教程》（第五版），中国人民大学出版社2016年版，第3页。
2　2016年6月第十二届全国人大常委会第二十一次会议初次审议。

性规定，一方面确立了对其依法保护的原则，另一方面则需要进一步深入研究，总结理论和司法实践经验，为后续立法提供基础。[1] 此后的《民法典》第一百二十七条沿用了这一规定。可见，立法者同样认为数据具有不同于一般财产的独特属性，但对其应交由何种法律调整和保护尚不明确。

此外笔者认为，根据《民法典》第一百二十六条对民事权益的兜底性规定，即民事主体享有的其他民事权利和利益也应当由法律规定，再结合《民法典》第一百二十七条对"数据"的专门规定进行体系解释，似乎都意味着通过创设所谓新型"民事权益"而得以援引侵权责任一般条款的方案并不妥当。

### ▶ 3.5.3 著作权

#### 3.5.3.1 狭义著作权

作为数据集合的"大数据"与知识产权中著作权的客体，尤其是汇编作品最为相关，但要成为著作权法意义上的作品，必须具备法律要求的独创性，必须达到一定的智力创造高度，足以反映作者的个性，体现其独特的判断和选择。《著作权法》第十五条规定："汇编若干作品、作品的片段或者不构成作品的数据或者其他材料，对其内容的选择或者编排体现独创性的作品，为汇编作品，其著作权由汇编人享有，但行使著作权时，不得侵犯原作品的著作权。"汇编作品所汇编的对象不需要是作品或作品片段，完全可以是不构成作品的数据，但是作为一种特定类型的作品，其同样需要满足著作权法对作品独创性的要求，即在对内容的选择或者编排上体现出作者的独创性。《与贸易有关的知识产权协定》（TRIPS协

---

1　李适时，《中华人民共和国民法总则释义》，法律出版社2017年版，第394页。

定）和《世界知识产权组织版权条约》中也有类似的规定，即认为数据汇编或其他资料，无论采用任何形式，只要由于对其内容的选取或编排而构成智力创作，即应作为智力创作加以保护。"大数据"的形成，往往需要经过数据抓取（采集）、辨析、抽取、清洗（去身份）等步骤，然而数据源中海量的数据使人难以对单个的数据样本给予足够关注，单纯的数据汇集不足以体现对数据的选择或者编排，也难谓其具有独创性，因此仅仅经过预处理的数据集合无法获得著作权法的保护。

那么对数据进一步分析发掘之后呢？想要凭借人工对海量的数据进行分析处理只会是天方夜谭，但随着信息处理和大型处理器等软硬件技术的飞速发展，机器学习、遗传算法、模糊集、神经网络、语义引擎等先进技术纷纷披挂上阵，为数据的分析发掘提供了强大助力，也使基于特定目的对数据进行处理成为可能，这似乎足以成为对数据的一种选择或者编排。但是，这类选择和编排是机器按照给定条件自动完成的，在相同的要求和环境下，任何人运用同样的工具处理同样的数据，最终基本能得到同样的结果。因此可以说，这一选择和编排的结果是唯一或有限的，其同样无法反映创造者自身的个性，也不应由某个主体独自垄断，故不能给予其著作权法保护。

此时特别需要注意区分以下三点：一是数据集合中的单个"数据"是不是独立的作品与"大数据"本身能否成为著作权法意义上的作品无关；二是作为数据储存、调用和处理工具的计算机软件，如果符合《著作权法》《计算机软件保护条例》等法律法规的相应要求，自然可依法取得著作权，这与作为其储存、管理、展示或分析处理对象的数据集合本身无关；三是"大数据"的应用结果，即所谓的"应用层"与"衍生层"，如特定时段数据变化状态的分析报告、对数据分布进行阐述的解说动画等，如符合著作权法的要求，自然也可以取得著作权，这也与作为基础的数据集合本身无关。

此外，对海量数据的处理自然需要大量的投入，但根据著作权法理论，付出艰辛劳动即"额头流汗"并不是获得著作权的当然的理由，独创性才是唯一的判断标准。

### 3.5.3.2 邻接权

邻接权是著作权法赋予非作者的权利，因为其往往与作品有着紧密联系，通常与作品传播有关，但并不绝对。邻接权产生的主要原因，就是某些有价值的非物质劳动成果由于"独创性"不足，无法受到狭义著作权的保护。[1] 这与前文对"大数据"的分析相符。因此，如认为有必要对"大数据"提供保护，在著作权法中对其赋予单独的邻接权，或者如同民法总则立法者所考虑的制定专门法律加以规定，都是我们可选择的路径。

可供参考的是，早在1996年，欧洲议会与欧盟理事会便发布了《关于数据库法律保护的指令》（96/9/EC），对包括无独创性数据库和非电子数据库在内的任何形式的数据提供法律保护。该指令特别说明，在内容的选择和编排方面体现作者自己的智力创作是判定一个数据库能否获得版权保护的唯一标准；同时，各成员国应为在数据库内容的获取、检验核实或选用方面经证明作出实质性投入的制作者规定一种权利，以防止对数据库内容的全部或实质部分进行撷取与反复利用。这一特别保护的期限一般为十五年，并可设置私人使用、教学科研等例外。[2]

---

1 王迁，《知识产权法教程》（第五版），中国人民大学出版社2016年版，第194页。

2 参见《关于数据库法律保护的指令》（96/9/EC）第三条第一款、第七条第一款、第九条和第十四条。

## ▶ 3.5.4 反不正当竞争

### 3.5.4.1 一般条款

德国法学家雷炳德教授认为，应当把具有最小限度劳动投入的保护纳入反不正当竞争法的调整范围。[1] 随着经济、社会和科技的飞速发展，不正当竞争行为也不断花样翻新、层出不穷，而这些往往是我国1993年颁布《反不正当竞争法》时所无法预料到的，更不可能将其以类型化的方式固定并写入法律，因此为保证法律的适应性，司法实践中开始灵活适用《反不正当竞争法》一般条款处理新兴不正当竞争样态，并收到了较好的社会效果。司法政策亦认为："反不正当竞争法未作特别规定予以禁止的行为，如果给其他经营者的合法权益造成损害，确属违反诚实信用原则和公认的商业道德而具有不正当性，不制止不足以维护公平竞争秩序的，可以适用原则规定予以规制。"[2] 最高人民法院在（2009）民申字第1065号山东省食品进出口公司等与青岛圣克达诚贸易公司等不正当竞争纠纷再审案中提出，适用《反不正当竞争法》第二条认定构成不正当竞争应当同时具备以下条件：（1）法律对该种竞争行为未作出特别规定；（2）其他经营者的合法权益确因该竞争行为而受到了实际损害；（3）该种竞争行为因确属违反诚实信用原则和公认的商业道德而具有不正当性。此外，考虑到"大数据"行业在技术形态、交易模式等方面所具有的特殊性，为保障新兴市场业态的自由发展空间，在适用《反不正当竞争法》第二条时更应秉持谦抑的司法态度，因此不排除并很有可能在上述三个条件外设置更多的判定条件。

具体分析，开发者在生产"大数据"时必然要投入大量人、

---

1　[德]M.雷炳德，《著作权法》，张恩民译，法律出版社2005版，第116页。

2　参见《最高人民法院关于充分发挥知识产权审判职能作用推动社会主义文化大发展大繁荣和促进经济自主协调发展若干问题的意见》（法发〔2011〕18号）2011年12月16日印发。

财、物和时间精力，而如果竞争者可以任意无偿使用该成果，则会节约大量研发的时间和费用，甚至可以据此降低交易价格、打"价格战"，这既破坏了开发者在市场先占方面的竞争优势，更会为竞争者谋取交易机会，挤占开发者的市场空间。竞争者所获得的这一竞争优势明显不具有正当性，并会给开发者造成极大损害，甚至促成恶性竞争，阻碍整个行业健康发展。这种不劳而获、不正当利用他人劳动成果的竞争手段显然违反市场竞争标准和规则，有悖于商业伦理和商业道德，理应受到《反不正当竞争法》规制，此时应认为有适用《反不正当竞争法》一般条款的余地。

另外可供参考的是，在北京微梦公司与北京淘友技术公司、北京淘友科技公司不正当竞争纠纷案中，北京知识产权法院认为，北京淘友技术公司、北京淘友科技公司（脉脉软件开发运营商）获取新浪微博用户信息的行为存在主观过错，违背了在OpenAPI开发合作模式中，第三方通过OpenAPI获取用户信息时应坚持"用户授权+平台授权+用户授权"的三重授权原则，违反了诚实信用原则和互联网中的商业道德，故其获取并利用新浪微博用户信息的行为不具有正当性；其未经新浪微博用户的同意及新浪微博的授权，获取、使用脉脉用户手机通讯录中非脉脉用户联系人与新浪微博用户对应关系的行为，违反了诚实信用原则及公认的商业道德，破坏了OpenAPI的运行规则，损害了互联网行业合理有序公平的市场竞争秩序，在一定程度上损害了北京微梦公司的竞争优势及商业资源，故其展示对应关系的行为同样构成不正当竞争。[1]

### 3.5.4.2 商业秘密

商业秘密作为知识产权的客体之一，受到《反不正当竞争法》

---

1 参见北京知识产权法院（2016）京73民终588号民事判决书。

保护。根据相关法律法规的定义，商业秘密是指不为公众所知悉、具有商业价值并经权利人采取相应保密措施的技术信息、经营信息等商业信息。[1] 作为交易对象的"大数据"当然会为开发者带来直接经济利益，具有现实的商业价值；而开发者在交易前通常也会对其采取保密措施，在交易成功后方通过提供账号、接口、复制件等方式许可购买者访问，并通过合同约定限制接触。

较难判断的是"大数据"的秘密性，即"不为公众所知悉"，对此最高人民法院司法解释认为须在被诉侵权行为发生时不为所属领域的相关人员普遍知悉和容易获得，并列举了几种不具有秘密性的情形，包括信息属于一般常识或者行业惯例、已经公开披露等。[2] 笔者认为，此时尤需注意单独数据和数据集合的区别。虽然数据集合中的某些单独数据可能通过公开渠道收集，但是一方面通过抽取和清洗等步骤已降低其辨识度和价值，另一方面"大数据"的使用者通常关注海量数据的分布和变化状态，注重数据集合整体使用时所带来的竞争优势，因此构成"大数据"的某一单独数据或者某些数据不具有秘密性，并不能当然否定数据集合作为整体时的秘密性，在个案中仍需要根据数据和数据集合的构成及具体使用方式等情况，结合相应证据进行综合认定。司法解释亦规定，将为公众所知悉的信息进行整理、改进、加工后形成的新信息，符合构成要件规定的，应当认定该新信息不为公众所知悉。[3]

---

1 规定于《最高人民法院关于审理侵犯商业秘密民事案件适用法律若干问题的规定》第三条、第四条。

2 参见《最高人民法院关于审理侵犯商业秘密民事案件适用法律若干问题的规定》第三条、第四条。

3 参见《最高人民法院关于审理侵犯商业秘密民事案件适用法律若干问题的规定》第四条第二款。

## ▶ 3.5.5 结语

综上所述，一方面信息处理的高投入、高产出特性及其对国家、社会发展的巨大推进作用意味着目前对其既有保护的需求也有激励的必要，另一方面其他竞争对手通过不正当手段谋取竞争优势、破坏市场正常秩序的行为具备法律上的可责难性，这两方面均要求我们通过法律对其进行调整。此时较为合适的，是在专门立法或特别赋权之前，为"大数据"提供反不正当竞争保护。通过为"大数据"提供类似禁用权的保护使明晰权属具有了现实意义，更能为其交易和使用提供保障，从而激励和促进行业快速、健康发展。

**笔者的话**　目前，运用《反不正当竞争法》对有价值商业化数据提供保护，遏止对其的爬取、盗用等已成为司法实践的普遍做法，故研究动向已从寻求"被动保护"转向探索"主动赋权"。同时需要一并思考的是，当前飞速发展的人工智能技术已大大提升了对海量数据的信息处理和运用、产出能力，这或许会给"大数据"保护的需求、目标和制度安排等带来新的变化。

# 3.6
# 数据财产权的探索与问题

随着数字经济时代的加速演进，业界已不再满足在个案中通过《反不正当竞争法》为有价值的数据提供间接保护的模式，而是迫切希望直接赋予数据以某种形式的财产权利，以利于创造和实现价值——显然，要通过交易促进数据流转运用，前提自然是数据之上存在着专属性的财产权利，即先谈确权再言许可转让。理论发展与实践需求将"数据财产权"或者说"数据确权"问题摆在了我们面前。

也是为了应对这一发展与需求，近期部分地区陆续出台了相应的数据权属登记相关规定，为数据确权设计了前瞻性、探索性的解决方案。但检视这些方案则可见出，数据确权制度在理论上存在模糊性，目前对数据财产权的认识和构造还远未清晰。

## ▶ 3.6.1 "数据"登记的不同模式

从各地对可登记确权"数据"的规定来看，目前的数据权利构造大致可归纳为三种模式：

一是智力成果模式。这一模式除数据的价值外，还特别要求其需要具备"智力成果属性"。如《北京市数据知识产权登记管理办法（试行）》第二条规定："数据知识产权的登记对象，是指数据持有者或者数据处理者依据法律法规规定或者合同约定收集，经过一定规则或算法处理的、具有商业价值及智力成果属性的处于未公开状态的数据集合。"《浙江省数据知识产权登记办法（试行）》规定："本办法适用于对依法收集、经过一定算法加工、具有实用价值和智力成果属性的数据提供数据知识产权登记服务。"《江苏省数据知识产权登记管理办法（试行）》第二条第一款规定："本办法适用于对依法获取的，经过一定规则或算法加工处理，具有实用价值和智力成果属性的数据提供数据知识产权登记服务。"此外，《上海市数据产品知识产权登记存证暂行办法》第三条规定："本办法所称数据产品知识产权，是指自然人、法人或者非法人组织对其合法获取的数据资源，经过实质性加工和创新性劳动后形成的具有智力成果属性和商业价值的数据加工集合、数据加工产品、数据技术算法等数据产品享有的权益。"从名称来看，其似乎也是采用智力成果模式。这一模式中"数据"的构成要件基本可概括为"数据获取方式+加工+商业价值+智力成果属性"，其中北京规定较为严格，还要求数据集合处于未公开状态。

二是完全开放模式。这一模式对"数据"基本不作要求，较为罕见。如《深圳市数据产权登记管理暂行办法》第二条规定："数据产品，是指自然人、法人或非法人组织通过对数据资源投入实质性劳动形成的数据及其衍生产品，包括但不限于数据集、数据分析报告、数据可视化产品、数据指数、应用程序编程接口（API数据）、加密数据等。"第三条规定："数据资源和数据产品在本市行政区域内的首次登记、许可登记、转移登记、变更登记、注销登记和异议登记，适用本办法。数据知识产权登记按有关规定执行，不适用本办法。数据资源，是指自然人、法人或非法人组织在依法履职或经营活动中制作或获取的，以电子或其他方式记录、保存的原始数据集合。"可见该办法一是将"数据"细分为数据资源和数据产品，但对数据资源基本未做任何限制；二是将"数据知识产权"单列并另行规定。

三是劳动所得模式。这一通过司法实践确立的模式既不会完全开放，又不强调数据的智力成果属性，而是只要求存在"劳动（加工）"且数据具有价值，并通过《反不正当竞争法》进行保护。如在最高人民法院发布的2023年人民法院反垄断和反不正当竞争典型案例中，对于"刷宝"App不正当竞争纠纷案，人民法院认为，微播公司通过合法经营，投入巨大的人力、物力、财力，收集、存储、加工、传输抖音平台数据，形成了包括用户个人信息、短视频和用户评论在内的非独创性数据集合。该数据集合的规模集聚效应，能够为微播公司带来巨大的经济利益，在市场竞争中形成竞争优势。这一模式可以说是前两种模式的折中，可以想象，未来也可能出现据此要件设计的登记程序。

## ▶ 3.6.2 对"数据"认识的疑问

数据登记的不同模式实际上反映了对数据本身的不同认识，笔者认为其中还存在很大的探讨空间，并提出如下一些令人困惑的问题。

一是数据与知识产权的关系是什么？《民法典》第一百二十三条第一款规定："民事主体依法享有知识产权。"第一百二十七条规定："法律对数据、网络虚拟财产的保护有规定的，依照其规定。"从体系上看，两者似乎应是并列关系。

二是"数据知识产权"是什么？如果数据具备著作权法意义上的独创性，自可以作为作品受到保护，也可进行作品登记，在此之外独立存在的"数据知识产权"，其内涵是什么？如果属于知识产权，又具体是哪一部法律，赋予其何种权利？此外，诚如《民法典》第一百二十七条规定，若要为数据创设单独的财产权，是否属于《立法法》第十一条第八项规定的"民事基本制度"，而只能由法律明确规定？

三是为何要求数据须具备智力成果属性？如果是为了论证赋予专有权的正当性，那此前的反不正当竞争保护是否同样具有正当性？如果是为了防止垄断公共领域可自由使用的数据，通过对"劳动（加工）"要件的解释是否能够起到调节阀的作用？

四是如何判断数据是否具备智力成果属性？如果是需要将原始数据加工到一定程度才能具备该属性，则这一智力贡献高度如何掌握，其与汇编作品的独创性程度又如何区分？

同时，这些问题显然也涉及实践运用，如数据权利人向法院请求保护的请求权基础、法院认定权利存在的判断标准等。

正如欧盟《数据治理法》对数据确权进行了"留白"，数据确权之路艰难而漫长，数据权利如何构造仍需深思。目前所进行的探索极为必要，同时也应注意与相关的法律体系与理论学说相协调，充分考虑政策目标、公众共识、利益平衡等因素。

**笔者的话**　　目前对数据知识产权登记制度分析较为全面的是汤贞友博士撰写的《数据知识产权登记的制度逻辑及完善》一文（载《知识产权》2024年第3期），该文认为，就目前试点情况而言，数据知识产权登记应定性为一种公共服务行为，不具有授权或者赋权的基础功能；数据知识产权登记不是数据财产权益的原始取得方式，而应是确认数据财产权益归属的行为，登记具有证明、信息管理和公示等功能。笔者同意这一观点，并同样认为现阶段的登记仅具有证据固定而非权利认定的功能，与著作权自愿登记制度较为类似。

根据《国家知识产权局办公室关于确定2024年数据知识产权试点地方的通知》，贵州被国家知识产权局确定为第二批国家数据知识产权试点地方，也是西南首家，试点实施期为2023年12月至2024年11月。笔者有幸于2024年开始参与贵州数据知识产权相关制度构建的调研论证，将借此机会，继续努力寻求上述问题的答案。

# 著作权与邻接权 权利的理解

## 4.1
# 作品署名权的实践与疑问

### ▶ 4.1.1 侵权行为列举不完备

　　署名权作为著作人身权之一，体现作者自由意志，维护作者人身自由与独立人格。一般认为，作者具有决定署名方式的自由，包括在作品上署真名、署笔名或不署名等，作者决定的署名方式受署名权的保护。然而在实践中，《著作权法》的相关规定则有所缺失。根据《著作权法》第五十二条第二、三项的规定，有下列侵权行为的，应当根据情况，承担停止侵害、消除影响、赔礼道歉、赔偿损失等民事责任：未经合作作者许可，将与他人合作创作的作品当作自己单独创作的作品发表的；没有参加创作，为谋取个人名利，在他人作品上署名的。可见，《著作权法》对侵犯署名权仅列举了删除其他合作作者署名和在他人作品上署自己名的情形（以及下文所述的剽窃情形），尚不能涵盖侵犯署名权的主要情形，尤其是对作者决定的署名方式的篡改和破坏。对此，目前实践中似乎只能援引《著作权法》第五十二条第十一项"其他侵犯著作权以及与著作权有关的权利的行为"的兜底条款进行处理。

### ▶ 4.1.2 对"剽窃"的理解

　　《著作权法》第五十二条第五项指向的侵权行为是"剽窃他人

作品"。波斯纳法官在其著名的《论剽窃》一书中认为，剽窃不仅是指对复制行为未加说明，还造成了预期读者的错误信赖，是一种"欺诈性抄袭"。[1]《著作权法》立法者编撰的释义认为，剽窃他人作品，是把别人的作品全部或部分据为己有的侵权行为。从剽窃的形式上看，既有原封不动或者基本原封不动地复制他人作品的行为，也有经改头换面后将他人受著作权保护的独创成分窃为己有的行为，如改变作品的类型将他人创作的作品当作自己独立创作的作品，或不改变作品的类型，但是利用作品中受著作权保护的成分并改变作品的具体表现形式，将他人创作的作品当作自己独立创作的作品。[2]据此可以认为，将他人作品"张冠李戴"为自己作品、改编他人作品未注明出处和将他人作品改头换面的"洗稿"等行为均属于剽窃。

具体而言，"张冠李戴"将作品上的他人署名换为自己显然属于侵犯署名权的行为，为与前述未参加创作者在他人作品上署名的情形相区别，可以认为两者存在是否保留原作者署名的不同。《著作权法》第十三条规定："改编、翻译、注释、整理已有作品而产生的作品，其著作权由改编、翻译、注释、整理人享有，但行使著作权时不得侵犯原作品的著作权。"演绎作品不得侵犯原作者著作权，包括尊重原作者的署名权，即应在演绎作品上注明原作品名称和原作者姓名。而独创性尚不能达到改编、形成新作品的"洗稿"行为，与复制行为较为近似，也可归入"张冠李戴"。剽窃行为扭曲了作品来源，故意隐匿真实信息而向受众传递虚假信息，前列三种具体剽窃行为均属侵犯作者署名权的行为。

---

1 [美]理查德·波斯纳，《论剽窃》，沈明译，北京大学出版社2010年版，第23、37页。

2 黄薇、王雷鸣，《中华人民共和国著作权法导读与释义》，中国民主法制出版社2021年版，第259页。

### ▶ 4.1.3 计算机软件"署名"的疑惑

时下，一些计算机软件权利人在全国范围内大批量提起侵权诉讼。有权利人认为，侵权人将涉案软件复制、修改后去除软件厂商名称进行销售的行为不仅侵犯了其复制权、修改权，还侵犯了其署名权。这不仅使笔者想到早先图片公司批量维权时对其身份的质疑，即认为其在图片上标注©及名称并不是著作权法意义上作者的署名，而仅是标示其享有著作财产权，自然人创作的作品是否作为法人作品仍应进一步审查，故不能适用《著作权法》第十二条第一款关于作者身份的推定。目前的计算机软件批量诉讼中似乎也存在这一问题。

根据《著作权法》第十八条第二款第一项的规定，有下列情形之一的职务作品，作者享有署名权，著作权的其他权利由法人或者非法人组织享有，法人或者非法人组织可以给予作者奖励：主要是利用法人或者非法人组织的物质技术条件创作，并由法人或者非法人组织承担责任的工程设计图、产品设计图、地图、示意图、计算机软件等职务作品。据此，即使计算机软件属于特殊职务作品，著作权的其他权利由法人或者非法人组织享有，但其作者仍为自然人并享有署名权，故也不能当然推定计算机软件必然是法人作品，对"侵犯署名权"的质疑也随之而来。相关的，《最高人民法院关于审理著作权民事纠纷案件适用法律若干问题的解释》第七条第二款则规定："在作品或者制品上署名的自然人、法人或者非法人组织视为著作权、与著作权有关权益的权利人，但有相反证明的除外。"

《计算机软件保护条例》第八条第一款第二项规定，软件著作权人享有署名权，即表明开发者身份，在软件上署名的权利；第九条规定，软件著作权属于软件开发者，本条例另有规定的除外。如无相反证明，在软件上署名的自然人、法人或者其他组织为开发者。其中虽然也使用了"署名权"一词，但基于前述讨论笔者认为，"软件著作权人"与"作者"、"署名"与"权利管理信息"间的联系和区别仍需要我们进一步厘清。

| 笔者的话 | 关于图片上水印的法律意义，较为经典的案例可见最高人民法院（2021）最高法民再355号民事判决。在该判决中，最高人民法院认为，涉案图片除标注"getty Images®"水印外，还分别标注有摄影师署名和其他品牌名称，而且"getty Images"之后紧接商标注册标记"®"，因此，仅以此水印不能认定涉案图片的著作权属于G*公司。 |

# 4.2
# 改编权的控制力

## ▶ 4.2.1 改编权的权利射程

笔者曾参与讨论了一个有意思的话题：著作权人是否可基于其享有的改编权而对演绎作品的后续利用进行控制。笔者认为，这一问题实际是在探求对《著作权法》第十三条"行使著作权时不得侵犯原作品的著作权"规定的理解。为此笔者也尝试着梳理了与这一法条相关的各种资料。

全国人民代表大会常务委员会法制工作委员会（以下简称全国人大法工委）民法室编撰的法律释义往往可以体现立法者在制定法律规范时的思考，也是进行主观目的论解释时较为权威的依据。具体到《著作权法》第十三条，该条最初来源于1990年版即第一版

《著作权法》，在2001年版《著作权法》中未被修改而沿用至今，但参考两个版本的释义却会发现，立法者对该条的理解似乎发生过转变。在1990年胡康生老师主编的《中华人民共和国著作权法释义》中，认为"演绎作品的作者在行使其演绎作品的著作权时，不得侵犯原作者的著作权，包括尊重原作者的署名权，不得歪曲、篡改原著等"；也就是说，认为"不得侵犯原作品的著作权"主要指不得侵犯原作品著作权人的著作人身权。而在2001年姚红老师主编的《中华人民共和国著作权法释解》（以下简称《释解》）中则认为，除尊重原作作者著作人身权外，"在行使具体的财产权时，一般还要经过原作著作权人的授权"，"在他人享有著作权的作品的基础上创作的演绎作品的使用一般都要经过双重授权"。

前述2001年《释解》中特别提到了《伯尔尼公约》第二条第三款，笔者认为，立法者对法条理解的转变很可能也是受对《伯尔尼公约》解读的影响。该公约中关涉改编权的主要有第二条第三款和第十二条，而对其的理解目前两个版本的解读似乎是一致的。《保护文学和艺术作品伯尔尼公约指南》（以下简称《伯尔尼公约指南》）认为，已成为共同观点的是，作者通常不仅对他的原作享有公约赋予的权利，而且对它的所有转换物也享有这些权利。未经他的授权，它们不能被公开使用。《世界知识产权组织管理的版权及相关权条约指南》也认为在派生作品中有两重权利，即已有作品（原作）的权利和派生作品的权利，未经已有作品作者授权而使用派生作品并不合理。

专家学者在自己撰写的教科书中的观点也可供参考。如王迁教授认为，演绎作品中存在双层权利结构，利用演绎作品应得到原作品著作权人的许可。[1] 张今、吴伟光等老师也认为，演绎作品的使用

---

1 王迁，《著作权法》，中国人民大学出版社2015年版，第237页。

要得到原作品著作权人的授权。[1] 享有盛誉的《著作权与邻接权》一书同样认为，在一部演绎作品中，新作品的内容被加到从原著借来的创作内容之中，因此在使用演绎作品时，必须得到该作品作者和原作品作者两人的授权。[2]

然而，2020年修正的《著作权法》第十六条和《著作权法实施条例》第二十七条还对演绎作品的出版、演出和录音录像等进行专门规定，即前述行为须经原作品著作权人许可并支付报酬。将这些规定与《著作权法》第十三条结合进行体系解释，似乎又会得出不同结果——为了不将前述法条解释为多余，则必须对第十三条规范的范围进行限缩，即认为其仅指著作人身权，而对著作财产权则须法律另行特别规定。

由前文可见，目前对改编权的控制范围即对《著作权法》第十三条的理解存在两种不同观点：一种观点认为演绎作品的利用须尊重原作品作者著作人身权，同时不得以类似整体复制原作品等方式侵犯原作品著作财产权，但演绎作品的利用属于新作品著作权的范畴，不受原作品著作权的控制；另一种观点则认为演绎作品的使用同时应受原作品著作权人控制。

产生分歧的原因，最终还要归于对复制和改编间关系的不同理解上，山姆·里基森、简·金斯伯格的《国际版权与邻接权——伯尔尼公约及公约以外的新发展》一书对此作了清晰的阐释。该书作者认为，在《伯尔尼公约》制定过程中就复制和改编的关系各国存在不同看法，如果认为改编是对原作品的一种复制形式，则原作

1  张今，《著作权法》，北京大学出版社2015年版，第94页。吴伟光，《著作权法研究——国际条约、中国立法与司法实践》，清华大学出版社2013年版，第247页。

2  [西班牙]德利娅·利普希克，《著作权与邻接权》，联合国教科文组织译，中国对外翻译出版公司2000年版，第81页。

品作者有权阻止对其作品的改编进行利用（如法国）；而如果认为改编和复制存在某些差别，则控制改编物利用需要法律授权（如英国、美国）。从该公约可以推导出如下结论：第十二条只要求联盟各成员保护改编权本身，而并没有另外要求联盟各成员对改编享有利用的权利。因此，授予基础作品的作者对改编享有哪些权利，将由国内立法来确定。

综合考虑前述各种资料和学说，笔者个人目前暂时支持通过体系解释得出的结论，即认为我国现行《著作权法》采用的是单独赋权的立法模式。这一理解的差别可能体现在保护改编权和控制演绎作品后续利用间的关系：同样是未经许可改编原作形成演绎作品后使用，因为改编行为已经完成，所以无法责令侵权人"停止侵权"，只能要求"赔偿损失"；而如果原作品著作权人被法律另外赋予了控制演绎作品出版、演出等的权利，则具备了另外的请求权基础，据此方可阻止该类型的后续利用行为。此外因《伯尔尼公约》和我国《著作权法》对改编影视作品等另有规定，故本文的讨论暂不涉及有专门规定的特殊演绎作品。

## ▶ 4.2.2 从二审稿再看改编权

学界对2010年《著作权法》中改编权控制范围的理解尚存争议，此后的著作权法修正案草案一审稿和二审稿又对此作了不同的补正。这一问题与其说是学说的竞争，不如说是社会的选择。

2010年《著作权法》第十二条规定："改编、翻译、注释、整理已有作品而产生的作品，其著作权由改编、翻译、注释、整理人享有，但行使著作权时不得侵犯原作品的著作权。"但因对"不得侵犯原作品的著作权"的规定理解不同，对改编权的控制范围如何，即其能否控制演绎作品的后续利用行为，目前尚存在争议，至少可概括为如下三种观点：第一种观点"独立说"认为，演绎作品的利用须尊重基础作品作者的著作人身权，同时不得以类似整体复制原作等方式侵犯原作品著作财产权，但演绎作品的利用属于新作品著作权的范畴，不受原作品著作权的控制。这一观点运用于实践中，表现为对侵犯改编权、创作出新作品的行为，认为其业已完成，无法基于改编权回溯性地请求停止侵权，而仅能请求损害赔偿。第二种观点"复制说"认为，对改编等成果进行任何使用，原作品中的已有要素均同样被使用，故演绎作品利用应同时受到原作品著作权人控制。这一观点明显认为改编是对原作品的一种复制形式，运用于实践中表现为原作品作者可基于基础作品改编权而对演绎作品的任何利用提出停止侵权（停止使用）的请求。第三种观点"单独赋权说"认为，基于对现行《著作权法》的体系解释，演绎作品不但不能侵犯基础作品作者的著作人身权，其著作财产权范畴的利用形式也同样会受基础作品改编权的控制，但具体受控的行为类型必须由法律另行特别规定。笔者目前同意第三种观点。

著作权法修正案草案一审稿中对改编权的规定进行了修改，在第十二条增设第二款，规定："使用改编、翻译、注释、整理已有作品而产生的作品，应当取得该作品的著作权人和原作品的著作权人许可。"该款规定对改编权的控制范围如何进行了明确回答，即认为对改编作品的一切使用行为均应取得原作品著作权人许可，相当于肯定了前述的"复制说"。同时，该稿还删去了2010年《著作权法》第三十五条、第三十七条第二款和第四十条对将演绎作品"出版、表演、制作录音录像制品"等行为的规定，避免了体系解释说的诘难，保证了修改后解释上的逻辑自洽。

在著作权法修正案草案二审稿中，对一审稿关于改编权的规定再次进行了修改，即将前述一审稿第十二条第二款单独作为新的第十六条，并变更为："使用改编、翻译、注释、整理、汇编已有作品而产生的作品进行出版、演出和制作录音录像制品，应当取得该作品的著作权人和原作品的著作权人许可，并支付报酬。"此次修改除加入"汇编"这一新作品创作方式外，最大的变动在于将需要取得双重许可的使用作品行为类型限制为"出版、演出和制作录音录像制品"，即在一审稿的基础上对改编权控制范围进行了极大限缩。可以说二审稿放弃了"复制说"的立场，而重新回到了"单独赋权说"的怀抱，且此次修改规定的行为类型也与"单独赋权说"对现行著作权法进行体系解释得出的结果完全一致。

此外，此问题不可避免地与对《伯尔尼公约》的解读相关，并受《伯尔尼公约指南》等文献影响（虽然在《国际版权与邻接权》一书中存在与该指南不同的观点）。这在多大程度上会影响规则的制定，尚未可知。笔者无意评价我国《著作权法》两次修改孰优孰劣，但必须提出的是，决定修改方向和路径的不应只是不同学说的学理之争，更多的还应结合此次修法背景与旨意，着重考虑我国现阶段社会、经济情况及未来发展、变化——在国际公约中寻找答案的同时，也可尝试使用法经济分析等工具，为决策提供更多支持。

**笔者的话** 我国2020年修正的《著作权法》第十六条规定："使用改编、翻译、注释、整理、汇编已有作品而产生的作品进行出版、演出和制作录音录像制品，应当取得该作品的著作权人和原作品的著作权人许可，并支付报酬。"即采纳了前述二审稿的修改方案。

# *4.3*
# 酒店侵犯放映权的理论与实践问题

时下，权利人起诉酒店等终端设备用户侵权的案件数量逐渐增多，被诉侵权行为主要为酒店使用智能电视、投影仪等，通过设备已经内置的视频播放平台，可以点播放映权利人作品；主张权利的主体一般为作品信息网络传播权独占被许可人，或者放映权独占许可人。

### ▸ **4.3.1 被诉侵权行为的定性**

关于该类行为是否侵权，以及具体侵犯著作权中的何种权利，目前理论和实践认识渐趋统一。如王迁教授认为，"点播影院"或宾馆等经营场所提供互联网点播终端服务，供顾客自行点播源于互联网中的视听作品，面向的是不特定多数人。经营者虽然无须"动手操作"，但其行为创设了有别于视听作品初始"传播源"（互联网服务器）的另一"传播源"（互联网点播终端），仍然构成传播行为。该行为不涉及使用技术手段将作品传送至不在传播发生地的公众，属于现场传播而非远程传播，因此对其不能适用远程传播权中的信息网络传播权；由于所涉初始传播并不是非交互式传播，对其也不能适用广播权的第二项子权利，故应适用放映权予以规制。[1]

实践中，贵州省高级人民法院（2022）黔民终1141号民事判决认为，根据《著作权法》第十条第一款第十二项和《最高人民法院

---

[1] 王迁，"论提供互联网点播终端服务在《著作权法》中的定性"，载《法律科学(西北政法大学学报)》，2022年第4期，第101页。

关于审理侵害信息网络传播权民事纠纷案件适用法律若干问题的规定》第三条的规定，构成侵害作品信息网络传播权须未经权利人许可、通过信息网络、以交互式方式向公众"提供"作品，即"将作品置于信息网络中"。即使认为涉案视频播放软件属于原告主张的"文件分享软件"，其也仅举证证明了被上诉人经营场所的电视设备中包含该软件，但并未证明软件中可供访问浏览的涉案作品系由被上诉人置于信息网络中，故无法认定被上诉人侵害涉案作品的信息网络传播权。浙江省高级人民法院（2022）浙民终1050号民事判决则进一步认为，雷火公司并未实施将涉案电影置于信息网络中的行为，其仅通过能够联网的技术设备向入住者再现已然置于信息网络中的涉案电影，故该行为属于放映行为。

## ▶ 4.3.2 理论："交互式"与"传播源"问题

该类行为被认定为侵犯放映权，可能在"交互式"与"传播源"两个问题上容易引起困惑。

囿于对传统影院观影模式的固有观念。"交互式"与放映之间的关系一度造成理解障碍。实际上，"交互式"是信息网络传播权与广播权的关键区别特征，但法律并未对放映权、表演权等现场传播的实现方式进行此类区别与限制。实践中，传统的电影院观影模式自然属于非交互式，但可供顾客自由点映的小影吧和自动点唱机等都属于"交互式"传播方式；尤其是全国法院大量存在的音集协诉KTV类案件，绝大多数均被定义为侵害作品放映权纠纷，而KTV点唱歌曲正是最典型的"交互式"行为。

提出"传播源"问题，则是为了厘清被诉侵权行为与提供播放设备行为、提供作品链接行为的区别。对此王迁教授认为，传播行为的本质，是创设一个将作品从中传出的"传播源"，使人可以感知源自该"传播源"的作品。而被诉侵权行为直接创设了有别于初始"传播源"（如爱奇艺和优酷等视频网站的服务器）的新"传播源"——与互联网相连的、可供用户欣赏作品的互联网点播终端，该行为性质与仅提供无线路由器存在本质区别，并不是仅为他人实施传播行为提供软硬件设备或服务，而属于对作品的传播。[1] 可想而知，如果该传播是面向公众的，则很可能构成侵权。而单纯提供播放设备（如提供蓝牙音箱、DVD机等）本身不能产生传播源，提供作品链接则并未改变作品的"传播源"（初始网络服务器）而创设新"传播源"。

### ▶ 4.3.3 实践："自购会员"问题

目前在实践中新出现的情况是，根据证据（尤其是被告积极提出的抗辩）能够证实权利人在取证时登录了其自行付费购买的视频播放平台会员，点播的涉案作品属平台付费观看作品而非任何用户均可免费观看的作品，则此事实对认定侵犯放映权是否存在影响？

此前在讨论电视回看服务是否构成侵犯信息网络传播权时曾有反对观点认为，该服务仅向付费收视用户提供而非任何人均可享用，故电视回看并非"向公众"提供作品。这一观点显然将"有资格使用某网络的不特定主体"与"世界上任何一人"相混淆，照这一观点，如手机移动通信网络、网吧或KTV局域网、餐饮住宿场所Wi-Fi等大多数需要直接或间接付费的网络均难以被认定为"信息网络"。贵州省高级人民法院（2022）黔民终148号民事判决亦认为，"个人选定的时间和地点"绝不意味着全球任何一人可以在世界任何一处、全年任何

---

1 王迁，"论提供互联网点播终端服务在《著作权法》中的定性"，载《法律科学(西北政法大学学报)》，2022年第4期，第94页。

一秒、不用支付任何费用都能获得作品，而是必然会受到网络覆盖范围、网络开放时间或服务器运行时间、上传作品存续或保留时间、访问人员资格要求等限制，这应是不言自明的。

而平台会员专享节目则意味着该节目无法仅通过酒店提供的智能电视直接观看，尚需观众自行购买平台会员后点播，而该会员收费点播服务提供者（收款人）系点播平台而非酒店。这一情形与前述信息网络传播行为的区别在于，后者能够实现"有资格使用特定网络的公众"均可通过该网络接触作品，但前者则不能实现"有资格使用酒店放映设备的公众"均能通过该设备放映某特定作品。

为便于理解，可以举一个形象的例子加以说明，如将酒店提供的智能电视等比作提供DVD机，则同时使公众可任意接触、点播视听作品就好比酒店在DVD机旁再摆上许多碟片供宾客自行选取播放。此时这些DVD碟片是正版还是盗版（即平台上作品的来源）也不再重要，均不影响侵犯作品放映权的认定，这也与前述新"传播源"理论相一致。但基于会员账号的专属性，宾客自行购买观看的影片则类似于其自行携带的碟片，人离即消，酒店则仅提供了DVD机。在后一种情况，宾客要么已经基于平台用户协议明确获得播放许可，要么也符合著作权法"个人学习、欣赏"的合理使用作品要件，均不构成对著作权的直接侵权，酒店自然也不构成提供设备的帮助侵权。

**笔者的话** 不得不说，关于酒店智能电视侵犯作品放映权问题目前司法实践中争议极大，最终讨论的结果也很可能与笔者观点完全相反。但必须指出的是，笔者并不赞同认为酒店智能电视放映作品是所谓信息网络传播权的"自然延伸"，因此不侵权的说法——判断是否侵犯著作权只能看是否实施了侵犯受著作权控制权利的行为，而不应关心其系由何处"延伸"而来。更准确地说，"延

伸"这一提法本就不是法言法语，在讨论IPTV限时回看时广播
组织也曾主张限时回看系其广播权的"延伸"，而认为这一主张
并不成立已成为全国法院通过判决形成的共识。此外，关于这一
问题收集资料较为全面，且与本文观点相反的是冯刚法官发表的
《经营场所提供视听作品点播服务有关版权问题研究》一文（载
《中国版权》杂志2024年第1期），读者可对照参阅。

## *4.4*
## 如何理解作品展览权

在作品著作权人享有的众多经济权利中，展览权似乎是一项无
足轻重、易被忽略的权利，不仅相关论述不丰，在著作权侵权案件
中也不常见到其身影。然而分析现存的司法判决可见，展览权既面
临纷繁的侵权样态，又蕴含着很大的市场和商机。同时，对展览权
关涉利益的衡量也缺乏研究，存在不合理损害权利人利益或者相反
过度限制市场交易和行动自由的风险。因此，对展览权的利用与保
护、限制和例外等问题，有必要进一步展开讨论，乃至为引入集体
管理后可能出现的巨大市场预先制定基本规则。

### ▸ 4.4.1 展览权的立法演进

我国1990年版《著作权法》就开始为作品展览提供排他保
护——该法第十条第五项列明，著作权中的经济权利"使用权和获
得报酬权"可以控制以展览方式使用作品的行为。在此后2011年修

正的《著作权法》则明确将作品展览权作为著作权人对作品享有的一项单独的权利，即规定"展览权，即公开陈列美术作品、摄影作品的原件或者复制件的权利"。这一规定为2010年和2020年修正的《著作权法》所承继，沿用至今。

根据世界知识产权组织《版权及相关权术语汇编》的定义，"展示"（display）是指以静态的（非连续的）形式直接或间接地（即通过幻灯片、屏幕图像或以其他任何类似方法）演示（展出/陈列）作品的原件或复制品，或就视听作品而言，非连续地演示各个图像。概括来说，"展览"即直接或借助设备展示静态作品原件或复制件，当然，这一展示是在家庭及社交圈之外、面向公众的展示。

一些国内法规定了授权公开展示或公开展览美术作品的专有权，但有关版权的国际规范并未要求确认这种权利，也就是将这一问题交由国内法自行处理。我国内地（大陆）及香港、澳门和台湾地区的著作权相关法规均规定有作品展览权，日本、德国、法国等亦有规定。

## ▶ 4.4.2 展览权的司法实践

以"案由：侵害作品展览权纠纷，文书类型：判决书"为检索条件（这一检索方法将忽略采"著作权侵权纠纷"这一上位案由的相关案件），通过中国裁判文书网进行检索，可检索到50篇文书[1]。从这些判决的字里行间，或可窥见展览权在我国社会生活与司法实践中的真实样态。

概言之，侵害作品展览权的案件主要可归纳为四种类型：一是使用涉案作品开办单独展览，如举办"哆啦A梦"主题卡通展，或者在展览活动中使用涉案作品独立地进行展览，如将涉案卡通形象制

---

[1] 最后检索日期：2024年6月14日。

作成大型花灯参加灯展;二是以壁画、图片(照片)、模型、雕塑等形式,悬挂、张贴或者摆放涉案作品作为店面装饰;三是将涉案作品玩偶、模型、图片等大量用于商业推广活动,尤其是在房地产项目推广中使用,甚至举办主题展览活动并邀媒体报道,以提升知名度、吸引客流;四是在展会布展中使用涉案作品,尤其包括陈列摄影作品复制件,如在婚纱摄影器材展览会上展示并销售婚纱艺术照。被侵权作品中,涉及的卡通形象主要包括哆啦A梦、小羊肖恩、阿凡提、猪猪侠、喜羊羊等,其中前两者涉及案件数量最多。

此外还有两类较为少见的侵权行为被司法判决所确认:一是涉案作品系供公众使用的物品上的装饰图案,如摆放于某医院一楼大厅的滑梯上使用了涉案卡通图案;二是在店内陈列所销售的商品上使用了涉案作品,如涉案美术作品为采用某艺术字体的单字,被诉侵权商品在外包装上使用该艺术字体印制商品名称,被告之一的某超市通过在店铺内公开陈列的形式销售涉案侵权商品,侵犯了涉案作品的发行权及展览权。

展览权在实践中面临纷繁复杂的侵权样态,但似乎也可认为对权利人而言其间存在着诱人的商机,尤其在引入集体管理制度后,使用者可以便捷、经济地寻求许可,随之产生的巨大市场亦可想见。

## ▶ 4.4.3 展览权的限制与例外

为平衡著作权人和社会公众利益,尤其为避免过度妨碍社会公众行动自由,对著作权理应采取必要限制,体现为著作权法中的作品"合理使用"制度。然而,无论是2010年《著作权法》还是2020年修正的《著作权法》,均没有为作品展览专门设置例外规定;后者虽引入了"三步检验法",但其兜底条款仍要求为"法律、行政法规规定的其他情形"。

目前有观点认为，展览权所控制的展览行为应仅限于在美术馆、博物馆、会展中心等专门场馆举办的正式艺术品展览，同时认为前文所列的四种主要侵权行为类型中，仅第一种方构成侵权。对此笔者认为，《著作权法》并未对展览的方式、场所等做如此具体的规定，这一观点相当于对法律规定进行了限缩解释，但首先，其缺乏目的论解释的支撑，目前也没有任何材料反映立法者在立法时有此意图；其次，如采用这一逻辑，商业场所进行"机械表演"也将不再构成侵权——在店面中悬挂美术作品和播放背景音乐又有多大差别呢？最后，在商业推广活动中对作品的大量使用（多为经大量宣传的免费活动），其所产生的影响及收益甚至还有可能大于所谓的"正式展览"，做如此大的限制难道不是不合理地损害著作权人合法权益吗？

可供参考的是，胡康生主编的《著作权法释义》（1990年）和姚红主编的《中华人民共和国著作权法释解》（2001年）均认为，展览权是公开陈列作品的权利——其中仅有"公开"的要求，而并未对陈列的主体、场所等有任何附加限制。据立法资料记载，在2001年《著作权法》的修正过程中，有观点认为展览权不应仅限于美术作品，建议将展览权修改为以公开陈列形式展示作品的原件或者复制件的权利，这一建议最终未被采纳，其显然意在扩大展览权保护范围，而非对其进行限制。

目前被普遍接受的对展览权的限制，是为拍卖、展览等目的而制作的海报等宣传资料，其中会包含拍卖品、展品照片或图片（作品复制件），此时张贴海报则不被认为侵害展览权。笔者认为，这一例外可以扩大到为销售而展示的情形：虽然《著作权法》中的合法来源抗辩是为复制品的发行者而非展览者提供的，但在店面中陈列所售商品（包括样品）是生活中销售商品最常用的方式，也是典型的许诺销售行为，故如合法来源抗辩成立，侵权复制品销售者无须为其发行行为进行赔偿，亦不应为展览行为承担损害赔偿责任。

此外，似乎还可考虑被展览作品的"附带使用"问题。笔者认为，展览权的核心在于被展览的作品必须成为观众鉴赏的对象，这似乎是不言自明的，但在特殊情况下，作品的使用方式可能会引发困扰，公众是否会鉴赏作品也变得并不清晰，尤其是作品本身带有一定的功能性时。在对此进行判断时，考量如下一些因素可能会有所帮助：使用目的、使用方式、使用的必要程度（包括替换或去除后的影响）、使用产生的价值（吸引力、经济利益）、涉案作品的独创性与功能性等。当然，判断合理使用的"三步检验法"无论如何也不应被忽略。

**笔者的话**　关于对展览权的限制，可进一步参阅本书中《互联网环境下物权与著作权的再调和》一文。

## 4.5
## 从"剧本杀"再看作品出租权

### ▸ 4.5.1 剧本的出租

2020年修正的《著作权法》第十条和第四十四条仅为视听作品、计算机软件和录音录像制品提供了出租权，这样的方案则是我国加入的国际条约（具体为TRIPS协定、WCT与WPPT）所赋予的最低义务，亦即采用了一种最小化的保护方式；同时在此次修正《著作权法》时，在第五十九条第一款新增了出租者合法来源抗辩的规定。目前的现实情况是，技术进步使作品的储存、传播与接触方式均发生了巨大变化，信息网络的飞速发展使我们不再需要通过租用录像带、光盘等作品物质载体来接触、欣赏、复制及使用视听作品、计算机软件和录音录像制品——这些仅需轻点鼠标即可实现，同时也使相应的租赁市场在我国基本不复存在。而出租者合法来源抗辩则实现了类似"出租权用尽"的效果，又会在很大程度上降低行使出租权的意义。在两者的合力下，出租权已濒临消亡。

然而随着新兴社交与娱乐模式的出现，使作品出租行为重回我们的视野。以目前如火如荼的剧本杀活动经营者为例，其便是有偿向不特定公众提供作品复制件、在有限时间内供顾客使用，时间结束后收回，这实际上就是对作品的出租行为。当然也有观点认为，剧本杀中的主持人（DM）表演了剧本，侵犯了作品表演权。对此笔者认为，首先，主持人完成主持工作并不必然扮演剧中角色，可以仅仅只充当主持和裁判，因剧本需要而异；其次，剧本杀与戏剧的不同之处在于，其虽然为每位角色设置了人物背景与经历，但并没有细化到台词、表情、动作等，具体的表达还是要靠玩家自己发挥，具有很高的开放性和自由度，完全不同于对戏剧作品的表演，因此看见"剧本"二字就认为其对应着著作权法意义上的"表演"，这可能还要先打个问号；最后，即使主持人扮演了某一角色，也是无足重轻的，并未改变其工作性质和内容，顾客付钱也不是为了欣赏主持人的表演，而是为了自己投身于"表演"体验中去。

## ▶ 4.5.2 出租行为不侵权

如果认定剧本杀属于对作品复制件的出租，则其并未违反《著作权法》——如前文所述，美术、文字等作品并不享有出租权。但值得我们进一步思考的是，法律为什么要为视听作品、计算机软件和录音录像制品特别规定出租权呢？可能的解释是，这类作品出租的利润可能很高,[1] 申言之,公众对电影多半没有反复欣赏的需求,所以通过租赁而非购买复制件来观赏最为经济;对计算机软件和录音录像制品则有复制的需求,也需要通过租赁来获取。出租作为个人复制的源头,已经严重影响到此类作品的发行量,对著作权人的利益不能再忽略不计。[2] 笔者认为,其中的关键可以概括为,当作品出租会对著作权人的利益产生重大影响时,必然需要法律的介入。此外据介绍,在乌拉圭回合谈判期间,出租权的保护范围和条件业已谈妥,其结果是在TRIPS协定中纳入一套相当复杂的规则。故在WCT与WPPT的筹备工作期间,作为一种指导原则而通过的一项共识是,在乌拉圭回合谈判的框架内达成的任何协议均不予改动。因此,尽管外交会议试图设法承认一种延伸至所有种类的作品的一般出租权,这些尝试最终并未成功,而在非正式磋商期间被接受的是,两个新条约规定的出租权的保护范围和条件应和TRIPS协定有关条款所规定的相同。[3]

## ▶ 4.5.3 赋予出租权的可行性

回到剧本杀,其在作品利用方面与戏剧作品最大的不同之处便在于,剧本杀的主要市场并非向公众表演,以及传播这一表演,而是出租作品复制件供顾客使用。"法律不管小事",但在出租行为系对剧本杀剧本文字作品最主要利用方式时,是否有必要重新加以关注?出租权在国际条约制定中的历史必然(对著作权人利益产生重大影响)与偶然(与TRIPS协定保持一致),技术变革与社交模式转变,这些因素也会加深我们的思考。

---

1 郑成思,《WTO知识产权协议逐条讲解》,中国方正出版社2001年版,第50页。

2 李琛,《知识产权法关键词》,法律出版社2006年版,第128页。

3 世界知识产权组织第891(C)号出版物,第160页。

最后需要说明的是，即使赋予剧本杀文字作品以出租权，也不会对剧本杀线下营利性使用行业产生过大影响，因为现行《著作权法》为作品复制件出租者提供的合法来源抗辩使其往往可以在侵权时免除赔偿责任，而停止侵权责任则会倒逼剧本杀店经营者去寻求著作权人的许可——这似乎已经反映在目前的剧本杀交易模式中，即很多剧本杀店花高价去购买正版剧本，尤其是"城市限定"的剧本，看中的往往不会是剧本的印刷质量，而是认为其中包含了著作权人的许可。而正版剧本许可的是什么，"城市限定"如何得以真正实现，背后映射的究竟是何种权利，值得深思。笔者的猜测是，在著作权人对剧本的主要客户及购买用途已有清晰了解的情况下，对剧本的使用行为即出租行为（不包括复制、发行和信息网络传播等行为），其许可费已经包含于正版剧本售价之中。此处引入出租权的主要作用也在促进正版作品销售，而不在销售后另外收取许可费——这与此前存在过的图书租赁市场相似，或可据此构建或更新出租权用尽规则。

**笔者的话**　　关于剧本杀店使用盗版剧本问题，可参阅王迁教授《商家在经营"剧本杀"中使用盗版的定性问题》（载《中国版权》2021年第5期）一文，其与本文观点相同。实践中有法院判决认为，剧本杀行业中"城市限定"的商业模式不属于反不正当竞争法保护的范畴，但依托该种商业模式向下游发行剧本及向消费者提供剧本杀服务所产生的竞争利益可受反不正当竞争法保护。被告擅自把盗版剧本用于经营的行为后果扰乱了市场竞争秩序，对其他经营者及消费者福利造成损害，违反诚实信用原则及商业道德，构成不正当竞争。[1]

---

1　参见湖南高院，《全国首例！"剧本杀"馆使用盗版剧本，法院判决构成不正当竞争》，载"澎湃新闻"，网址：https://m.thepaper.cn/baijiahao_22783927，最后访问日期：2024年6月13日。

# 4.6

## 专有出版权的争议与实践

### ▶ 4.6.1 权利的独立性

实践中，侵害图书出版者专有出版权的案件数量不多，以"案由：侵害出版者权纠纷、全文：专有出版权"为检索条件，在中国裁判文书网可检索到529篇文书[1]。目前理论界对专有出版权似乎也有较为统一的认识，即认为其系著作权人通过合同对出版者给予作品复制权和发行权的独占许可，没有作为一项权利独立存在的意义。

但在《著作权法》中，"专有出版权"确实表现为一种法律上独立的权利。详言之，其至少在以下几个方面表现出独立性：（1）名称的独立，《著作权法》第三十三条明确使用了"专有出版权"的表述；（2）含义的独立，《著作权法》第六十三条将"出版"定义为作品的复制、发行；（3）请求权基础的独立，请求侵犯专有出版权者承担停止侵害、赔偿损失等责任的请求权基础为《著作权法》第五十三条第二项，而侵犯复制权、发行权对应的请求权基础则为该条第一项；（4）抗辩的独立，《著作权法》第五十九条第一款"合法授权抗辩"条款中将复制品的出版者、制作者并列进行规定。

### ▶ 4.6.2 权利的边界

作为一项独立的权利，在适用时难免会引发质疑，即认为专有出版权并非对复制权、发行权的独占许可，而是只能控制"出版"

---

1 最后检索日期：2024年6月14日。

这一行为，即必须同时实施"复制+发行"行为才受此权利控制，而单独实施的发行行为则只侵犯发行权，不侵犯专有出版权。这一观点可能会在《刑法》中找到支持依据——《刑法》区分了"侵犯著作权罪"和"销售侵权复制品罪"，根据体系解释，同样是销售侵权复制品的行为，如系制作者进行销售或与其构成共同犯罪者销售（分工不同），则属前罪；如与制作者毫无意思联络，仅从其处购买后又加价售出者，则构成后罪。[1] 换言之，同样是发行，侵犯著作权罪需要既复制又发行，而销售侵权复制品罪则仅有发行。

这一争议给司法实践带来的问题是，销售盗版图书者是侵犯出版者专有出版权，还是侵犯作品发行权？在实践中出版者是否具备原告的诉讼主体资格？笔者认为，这一问题的答案可以从侵权后果反推："专有出版权"确保了只有取得该权利的出版者才可以发行特定作品，盗版图书的销售显然会降低正版图书销量、侵夺其市场，直接影响出版者的收益，而著作权人一般已通过出版合同获得了足够利益。即使著作权人收益系根据图书销量浮动计算，因其自己并不能发行，所受损害也只属于对发行市场（发行权）损害的派生损害。据此，认定销售盗版图书侵犯出版者专有出版权更为妥当。司法实践中亦存在这样认定的判决。此外，可供盗版图书销售者援引的是《著作权法》第五十九条第一款为复制品发行者设立的合法来源抗辩，这也与"发行权独占许可"的观点相吻合。

### ▸ 4.6.3 权利的许可

而在版权交易实践中，"专有出版权"似乎也没有独占许可方

---

1　坊间一度传言销售侵权复制品罪已被"废除"，但直至《刑法修正案（十一）》仍在对该罪进行修改，并提高了法定最高刑，何来"废除"可言？

式的约定清晰高效。国家版权局颁布的《图书出版合同》（标准样式）修订本第一条为："甲方（著作权人）授予乙方（出版者）在合同有效期内，在某地区以图书形式出版发行上述作品某语言文本的专有使用权。"《著作权法实施条例》第二十八条规定："图书出版合同中约定图书出版者享有专有出版权但没有明确其具体内容的，视为图书出版者享有在合同有效期限内和在合同约定的地域范围内以同种文字的原版、修订版出版图书的专有权利。"《著作权法实施条例》的补漏性规定将图书出版合同未明确定义的"专有使用权"解释为"出版专有权"，但仍无法避免对上文观点的质疑。

### ▸ 4.6.4 权利的历史背景

实际上，"出版专有权"的设置有其特殊历史背景。1990年《著作权法》第三十条规定："图书出版者对著作权人交付出版的作品，在合同约定期间享有专有出版权。合同约定图书出版者享有专有出版权的期限不得超过十年，合同期满可以续订。图书出版者在合同约定期间享有的专有出版权受法律保护，他人不得出版该作品。"该条规定排除了当事人意思自治，直接规定了图书出版者对作品享有专有出版权，同时规定了十年期限以为利益平衡。而在现今，市场经济与契约自由已成常态，《著作权法》的相应规定也在2001年便修改为图书出版者"按照合同约定"享有专有出版权，故目前理论界对该权利规定的看法，殊值赞同。

# *4.7*

# 广播组织与信息网络传播

---

### ▶ **4.7.1 广播组织的信息网络传播权**

在《中华人民共和国著作权法修正案（草案）》中，曾明确广播电台电视台作为邻接权人时，权利客体是其播放的"载有节目的信号"，对其播放的"载有节目的信号"享有信息网络传播权。但《全国人民代表大会宪法和法律委员会关于〈中华人民共和国著作权法修正案（草案）〉修改情况的汇报》（以下简称《修改情况汇报》）中提到："一些地方、部门、单位、专家和社会公众提出，信号是通讯技术概念，而广播组织权的客体应为广播、电视节目。"故最终颁布的法律修改决定将相应表述变更为广播组织"播放的广播、电视"。

从现行立法角度出发来看广播组织权的客体，显然"信号说"是与信息网络传播权不兼容的，因为连续不断的"载有节目的信号"被录制后即已终止、不复存在，后将录制件通过信息网络进行交互式传播时，其中也不会再包含广播组织的信息，故提供保护只能是针对广播组织播放的节目。同时既然前面提到了"通讯技术概念"，那么笔者认为此处的"广播、电视"同样也只是通讯技术概念，即指"通过广播或电视方式播放的……"或者"通过广播或电视渠道传播的……"，后面的宾语还是要填上"节目"二字（填"声音或画面"亦可，与"节目"含义基本相同）。所以有观点认为广播组织权的客体既不是节目，也不是载有节目的信号，而是"广播、电视"本身，则实在难以理解。

《著作权法》已为广播组织自己制作的节目提供了著作权或

录音录像制作者权保护，其权能均包括信息网络传播权，故广播组织的信息网络传播权所最应针对的还是他人制作（即广播组织并不享有著作权和录制者权）的节目。但还存在另一种情况，即广播组织将自己制作的节目通过直播而非录播方式进行广播时，该节目并非作品，而根据《著作权法》的规定，录音录像制作者对其制作的"录音录像制品"方享有权利，则在他人未经许可同步转播等情况下，哪怕在极端情况下该节目并未形成与保存录制品，似乎依然不妨碍广播组织权的行使。

此外需要澄清，认为广播组织通过信息网络来传播其播放的广播、电视，被传播的还是该节目本身，除台标之外并没有再增添什么"新的东西"，这显然是站在前述信号说的立场，认为经信息网络传播的节目中并不存在广播组织的信号（或者说劳动），如果认为这一观点否定了广播组织此前的全部劳动，或者广播组织权存在的基础，就明显属于过度解读了。

《修改情况汇报》中还提到："将广播组织权规定为广播电台、电视台的'许可权'，实践中容易与著作权人、表演者、录音录像制作者等权利人享有的信息网络传播权等产生混淆或者冲突，建议将广播组织权恢复为现行著作权法规定的'禁止权'。"对此，2010年和2020年《著作权法》的表述是一致的，均规定为"广播电台、电视台有权禁止未经其许可的下列行为：……"广播组织有权禁止"未经其许可"的行为，基于对法条的文意解释，广播组织权仍应是许可权，而非仅仅是禁止权。

基于此，2020年《著作权法》在广播组织信息网络传播权上也采用了"双重许可"的模式，即对经广播组织广播的节目（作品或录制品）要进行信息网络传播，除需要取得作者、表演者、录制者的许可外，还需要取得广播组织的许可。这一制度在诚实的利用者看来似乎意义不大，因为取得了前者的许可后绝大多数情况下就能够直接获得作品复制件进行信息网络传播了，没必要再寻求广播组织的许可。但对于直接盗用广播、电视节目进行交互式传播的侵权者而言，这一权利就有存在的必要了。尤其是在融媒体、三网融合、交互式网络电视（IPTV）等背景之下，广播组织的业务范围也早已从单纯的广播拓展到了信息网络传播，此处对广播组织提供的保护更类似反不正当竞争法对流量、购买力、交易机会等争夺的规制，当然也涉及现实的经济利益。

有观点认为，广播组织播放节目即可对其（至少是对该播放的版本）享有信息网络传播权，且每播放一次保护期均为五十年，这是否会形成"永不消逝的保护"？对此，2020年《著作权法》第四十七条第三款规定："本条第一款规定的权利的保护期为五十年，截止于该广播、电视首次播放后第五十年的12月31日。"个人理解，这里的"首次"二字似乎就是为了排除对相同内容的节目（如同一部电影），通过后续的不断重播而延长保护期的情况。类似地，《著作权法》对版式设计权的计算规定为"首次出版"，对录制者权的计算规定为"首次制作完成"，这些邻接权中的"首次"自然也是指对同一版式设计或同一录制品。《罗马公约》第十四条规定，对广播节目保护期限的计算始于开始广播的年份的年底，其中似乎并没有涉及就相同内容进行重播的问题，但这里的"广播节目"似乎也应是指同一内容或者说表达的广播节目。

2020年《著作权法》第四十七条第二款规定："广播电台、电视台行使前款规定的权利，不得影响、限制或者侵害他人行使著作权或者与著作权有关的权利。"而通过对立法文件的观察可见，一方面，前引《修改情况汇报》显示，应防止广播组织权与其他权利人的信息网络传播权产生混淆或者冲突，另一方面，《全国人民代表大会宪法和法律委员会关于〈中华人民共和国著作权法修正案（草案）〉审议结果的报告》提到："一些协会、企业、专家和社会公众提出，广播组织权利的行使往往会涉及他人的著作权保护问题，建议明确广播电台、电视台在行使上述权利时，不得影响他人享有的著作权或者与著作权有关的权利。"对此笔者认为，在利用者已经取得了其他权利人许可（并直接获得该作品或录制品复制件供传播）时，广播组织权与其他权利人信息网络传播权冲突的情况可能会较为少见。而在前文对广播组织权保护期的解释进行了必要限制的情况下，似乎仅在涉及已进入公有领域作品时需要对利益平衡重新进行检视。对权利冲突问题，还有待于著作权法相关释义（包括其中例示）进一步厘清。

如果认为侵权演绎作品的作者尚有权发放许可或要求赔偿，寻求基础作品作者许可的义务在使用人，则与之相比，广播组织更有权独自发放许可或主张侵权损害赔偿了。由此，最多是在广播组织发放信息网络传播许可时，基于诚实信用原则对其课以提示义务（附随义务），提示被许可人在"双重许可"制度下还应继续寻求其他权利人许可。

此外，《罗马公约》与《世界知识产权组织表演和录音制品条约》均有"依本条约授予的保护不得触动或以任何方式影响对文学和艺术作品版权的保护"的表述，但无论是《罗马公约》解释性声明，还是《世界知识产权组织表演和录音制品条约》议定声明，均对该规定解释得都很清楚：这一规定是为了明确版权及相关权的相互独立性，绝不能将寻求相关权人许可视为对行使著作权的"影响"，抑或是"著作权优先"。

最后对上文观点进行简单总结：（1）为广播组织增设信息网络传播权是在技术发展与传播方式变革背景下作出的；（2）关于广播组织权的客体，立法似乎采纳了"节目说"；（3）广播组织权为许可权而非禁用权，其有权独自发放许可或主张侵权损害赔偿；（4）反复播放同一节目（即重播）应不会使保护期无限延长，无碍于立法旨意与利益平衡；（5）诚实利用者得到权利人许可后可直接传播作品或录制品，无须使用广播版本，故广播组织信息网络传播权的主要作用在于制止交互式盗播广播节目，损害广播组织的信息网络传播相关利益；（6）在利用者已经取得权利人许可时，广播组织权与其他权利人信息网络传播权冲突的情况可能较为少见，有待实践观察；（7）在播放已进入公有领域作品时，利益平衡有待进一步检视。

## ▶ 4.7.2 修法背景下对"播放"的理解

科技的发展不断改变着公众获取信息的方式与习惯，如在当前，广播组织不但通过广播电视网络以传统的非交互式方式传播广播电视节目，也会通过互联网、交互式网络电视（IPTV）、融媒体（包括App）等交互式方式同时进行传播；与此相生相伴的，利用信息网络"盗播"广播电视节目的现象也时有发生。2020年《著作权法》既改变了"广播"的定义，以技术中立的表述方式使之足以囊括网络直播、网络广播等信息网络中的非交互式传播行为，又专门为广播组织增设了信息网络传播权，反映出互联网时代中法律应对技术变革与社会发展的一种利益再平衡。

本文想要讨论的是，当法律的修改使"广播"行为延伸至互联网领域时，对广播组织的法定许可范围是否会随之发生变化，又是否会进一步扩展至包含信息网络传播行为？具体地，《著作权法》第四十六条第二款规定："广播电台、电视台播放他人已发表的作品，可以不经著作权人许可，但应当按照规定支付报酬。"该项法定许可中的"播放"又应如何理解？

据黄薇、王雷鸣编写的《中华人民共和国著作权法导读与释义》的解释，"播放，是指供公众接收的声音或接收图像和声音的有线或无线传播"并指出"修改后的著作权法没有将播放局限于无线方式""播放，既包括电台的广播，也包括电视台的播映"。[1] 仅从该释义的定义和描述中，似乎无法得出十分确定的答案。

一种观点认为，可以从前述规定的主体出发，对于"广播电台、电视台"，因为目前也存在经审批设立的网络电视台（或称网络广播电视台），故"播放"亦应包括网络电视台所实施的信息网络传播行为。要评价这一观点，应先分析网络电视台所实施行为的法律属性。笔者简单搜集了数家网络电视台对自身业务的简介，如青岛网络广播电视台有互联网门户、手机门户两大平台，用户将可以通过手机屏、电脑屏中的任何一种屏幕，随时随地收看和点播青岛网络广播电视台的节目[2]；山西网络广播电视台整合山西广播电视台所属各频率、频道资源，集广播、电视、网络于一体[3]。所以简单理解，网络电视台大多是将广播电台、电视台的节目通过互联网以网络直播（同步转播）或者点播的方式进行传播，其实施的是对作品、录音录像制品的广播和信息网络传播行为。因此，仅从行为主体的角度尚不能解决前文提出的问题。

参考国际条约则会发现，《伯尔尼公约》《罗马公约》《与贸易有关的知识产权协定》《世界知识产权组织表演和录音制品条约》中的"广播"均是指以无线方式非交互式传播，与我国2020年《著作权法》中的"广播权"控制的广播行为并不完全相同——后者还纳入了有线传播方式，所以"广播"似乎还可以由此区分为传

---

1 黄薇、王雷鸣，《中华人民共和国著作权法导读与释义》，中国民主法制出版社2021年版，第228页。

2 网址：http://www.qtv.com.cn/shouye/template/aboutus.html，最后访问日期：2024年6月13日。

3 网址：https://www.sxrtv.com/public/l/content_21.shtml，最后访问日期：2024年6月13日。

统广播和"新广播"，即互联网环境下的网络广播。而国际条约中出现的"播放"一词，如《罗马公约》第四条第三项中规定，表演未被录制成录音制品，但在受本公约第六条保护的广播节目中播放的，缔约各国应当给予表演者以国民待遇，这一"播放"仅指通过（无线）广播方式对节目进行传播，其实施的是广播行为——这一点在该公约英文文本中体现得更为清晰（the performance is "carried by a broadcast"）。

笔者认为，回答这一问题可以从2010年《著作权法》第四十四条入手，该条规定："广播电台、电视台播放已经出版的录音制品，可以不经著作权人许可，但应当支付报酬。当事人另有约定的除外。具体办法由国务院规定。"[1] 该条之所以只规定了播放已出版录音制品可以不经著作权人许可，对是否需要经过录音制品制作者许可只字未提，就是因为录音制作者对其制作的录音制品并不享有广播权（但享有信息网络传播权），所以该条和《著作权法》中所有涉及广播组织的"播放"，均应指广播。

2020年《著作权法》新增的关于录音制品制作者获酬权的规定则反映了"广播"观念的更新。2020年《著作权法》第四十五条规定："将录音制品用于有线或者无线公开传播，或者通过传送声音的技术设备向公众公开播送的，应当向录音制作者支付报酬。"该条规定直接来源于WPPT第十五条第一款，即对于将为商业目的发行的录音制品直接或间接地用于广播或用于对公众的任何传播，表演者和录音制品制作者应享有获得一次性合理报酬的权利。但需要注意的是，第四十五条中采用了与2020年《著作权法》中"广播权"完全相同的表述，也就是说采用了新广播权理论，保证了法律体系

---

[1] 该条规定在2020年《著作权法》中已被删除，主要原因是该条与本法第43条中"他人已发表的作品"存在重复，且规则不一致。

内部的协调，此时基于"播放"与"广播"的关系，似可认为对同一法律中的"播放"也应采用与之相适应的解释方法、进行相同的理解。而在《信息网络传播权保护条例》中，则并没有特别为广播组织使用他人已发表的作品提供法定许可，也没有任何资料显示这一情况在此次修法时发生了重大变化，因此没有理由将"播放"扩大解释到信息网络传播权控制的领域。

这一问题是由《著作权法》使用 "播放"一词所致，该词语并不是一个规范的、具有准确含义及边界的法律术语，而是一种生活化、口语化的表达。在《著作权法》为更好适应互联网环境发展而进行修改后，这样的表述容易引发理解上的困惑。2020年《著作权法》第二十四条第六项为学校课堂教学或者科学研究而使用已发表作品增加了"改编、汇编、播放"三种情形，其中的"播放"似乎又与广播组织的"播放"不同了，似乎就是在播放的通常意义上使用这一词语，例如"利用信息化手段对电子类存储的作品进行播放使用"[1]，实际上主要是指著作权法中的"放映"行为。可见这一词语在立法语言中的使用存在语义混乱，有失严谨。

综上，建议在后续修订《著作权法实施条例》或司法解释时对此问题加以澄清，将广播组织的"播放"明确解释为指受《著作权法》第十条第一款第十一项之广播权所控制的广播行为，而不包括信息网络传播行为，以保证法律适用的准确与法律体系的协调。

### ▶ 4.7.3 广播组织侵犯信息网络传播权

天津某公司是电视剧《老公的春天》作品信息网络传播权人，

---

1 黄薇、王雷鸣，《中华人民共和国著作权法导读与释义》，中国民主法制出版社2021年版，第149页。

其认为贵州某广电公司未经许可，擅自在其互动电视网络中提供涉案作品点播，侵害了涉案作品信息网络传播权，故诉至法院，请求判令贵州某广电公司停止侵权、赔偿损失。[1]

一审法院认为，电视限时回看虽然仅对有线电视观众开放，但该部分观众可以在数据被存储期间自主选择观看的时间、地点、种类，与作品呈现交互式关系，故该网络环境属于司法解释规定的信息网络，限时回看属于信息网络传播行为。贵州某广电公司侵害了涉案作品信息网络传播权，应承担停止侵害、赔偿损失等民事责任。据此判决贵州某广电公司赔偿天津某公司经济损失及其他合理费用共3万元。贵州某广电公司不服一审判决，提起上诉，认为广播电视"限时回看"系行使广播权，一审判决上诉人构成侵权属适用法律错误，请求撤销原判，改判驳回被上诉人诉讼请求。

二审法院认为，被诉"限时回看"行为系上诉人将涉案作品储存于网络服务器，其电视网络的用户可在有限期间内，在其个人选定的时间点并选择安装有相应电视机顶盒的设备对涉案作品进行点播和收看。关于信息网络传播权的交互式传播特征，即"个人选定的时间和地点"，绝不意味着全球任何一人可以在世界任何一处、全年任何一秒、不用支付任何费用都能获得作品，而是必然会受到网络覆盖范围、网络开放时间或服务器运行时间、上传作品存续或保留时间、访问人员资格要求等限制，这应是不言自明的。申言之，参考《世界知识产权组织版权条约》第八条相关规定，对"个人选定的时间和地点"，应理解为有资格使用特定网络的公众，在该网络覆盖范围与开放时段内，且在作品尚存储于网络服务器的前提下，具有自由选择不同时间点和不同终端（包括在同一地点内的不同终端）接触该作品的可能性，即为已足。故一审判决认定被诉

---

1　参见贵州省高级人民法院（2022）黔民终148号民事判决书。

"限时回看"行为侵犯涉案作品信息网络传播权并无不当，据此判决驳回上诉，维持原判。

本案二审判决对电视网络的"信息网络"性质予以认定，并对此前实践中的反对观点予以反驳，同时结合《世界知识产权组织版权条约》第八条相关规定，对信息网络传播行为的交互式传播特征重新进行了定义。本案判决进一步厘清了信息网络传播行为交互式传播特征的内涵，对解决时下愈加频繁的"限时回看"相关问题有所助益。

**笔者的话** 　　侵害信息网络传播权纠纷案件的管辖，根据最高人民法院在（2022）最高法民辖42号民事裁定中明确的裁判规则，应以《最高人民法院关于审理侵害信息网络传播权民事纠纷案件适用法律若干问题规定》第十五条为依据，而不应适用《最高人民法院关于适用〈中华人民共和国民事诉讼法〉的解释》第二十五条。

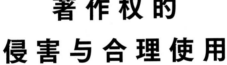

著作权的
侵害与合理使用

# 5.1

# 侵害软件著作权：推定与反驳

此前，美国磊若软件公司（以下简称磊若公司）在我国展开了大规模的商业化维权，在全国各地选择了多个被告进行起诉。该公司为Serv-U系列软件的著作权人，经公证处公证，其委托人使用公证处的电脑输入"telnet + 特定网址"命令，电脑界面返回"220 Serv-u FTP Server v6.4 for Winsock ready…"字样，该特定网址往往为某公司、机构的官方网站。在所有案件中磊若公司均仅仅通过telnet命令返回的代码进行举证，并试图通过该代码来证明被诉公司、机构未经许可使用了涉案软件，侵犯了磊若公司的著作权。

反观各地法院的判决，支持磊若公司诉请的法院均认可了这一举证方式，而驳回诉请的法院的理由则多种多样，其中与telnet命令相关的有代表性的理由主要有三种：第一种观点是直接否定了这种举证方式，认为返回的代码尽管与涉案软件名称存在关联，然而这些字符并非计算机程序及其有关文档，也不能反映任何计算机软件的内容，因此并不足以证明被告使用的是磊若公司享有著作权的涉案软件；[1] 第二种观点是认可该举证方式，但同时认为当网站服务器托管于第三方时，被告仅为服务器空间及服务器所提供软件的使用者，其行为并不侵权；[2] 第三种观点认为，磊若公司的推论方式存在

---

1  参见浙江省高级人民法院（2012）浙知终字第328号民事判决书。

2  参见江苏省高级人民法院（2012）苏知民终字第0220号民事判决书。

瑕疵，推论结果具有较大的不确定性，故该证据不足以证明被告使用了涉案软件。[1] 下面笔者将结合具体案情，对磊若公司通过telnet命令进行举证的这一方式进行简要评述，并对计算机软件著作权侵权的证明和认定一并说明，以供参考。

## ▸ 5.1.1 案情简介

原告磊若公司为Serv-U系列软件的著作权人。2010年5月4日，被告甲公司申请注册了网站域名www.gyghb.com并在该网站上发布企业信息，该网站由第三人乙公司负责设计、建设和维护。2012年12月18日，经公证处公证，原告的委托人使用公证处的电脑输入"telnet www.gyghb.com"命令，电脑界面返回"220 Serv-u FTP Server v6.4 for Winsock ready…"字样。

磊若公司诉称：被告未经原告许可，在公司官方网站中复制并使用Serv-U软件，用于其经营活动，构成侵权，应承担相应侵权责任。被告甲公司辩称，其不是涉案软件的实际使用人，公司网站的建设和维护是由乙公司负责，被告不应承担责任。第三人乙公司称，涉案网站的建设和维护确由其负责，但其并未在网站上安装和使用涉案软件，因此不应承担责任。

乙公司使用法院电脑演示，输入"telnet www.meelida.com"命令，返回结果为"220 Serv-u FTP Server v6.4 for Winsock ready…"，这与磊若公司用于举证的返回代码相同。然后远程登录该网站的服务器，输入用户名及密码后进入服务器桌面，运行Filezilla Server Interface程序，在程序中点击"设置"，在出现的"自定义欢迎信息"框中事先被输入"Serv-u FTP Server v6.4 for Winsock ready…"字样。随

---

1 参见贵州省高级人民法院（2014）黔高民三终字第15号民事判决书。

意将该框内的信息修改为"66666666"，保存后退出服务器控制界面，重新输入"telnet www.meelida.com"命令，返回的字样为"220 66666666"。经查，Filezilla Server系开源软件，可在网上免费下载使用。

## ▶ 5.1.2 软件著作权侵权证明与反驳

### 5.1.2.1 "返回代码"推论的逻辑证伪

我们可以从逻辑学角度出发，对本案原告的论证逻辑进行具体分析。本案中原告通过telnet命令使涉案网络服务器返回了包含"Serv-u FTP Server v6.4"字样的代码，以此证明被告使用了涉案软件，实际上是在运用一个三段论来证明自己观点的。这一三段论的大前提是一个充分条件假言命题，可表述为"返回代码→使用软件"，即原告认为返回代码就必然证明被告使用了涉案软件；小前提是经公证涉案服务器确实返回了特定代码，即"返回代码"；结论自然可推导出涉案服务器使用了原告享有著作权的软件，即"使用软件"。这一三段论的构成在逻辑学上是没有错误的，如果其大前提、小前提都是正确的，所得出的结论自然也是正确的。但是，第三人通过举证攻击了该三段论的大前提。根据逻辑学规则，作为三段论大前提的命题"返回代码→使用软件"与其逆否命题"没有使用软件→不会返回代码"是等值的，而第三人通过"没有使用软件却返回了代码"这一事实证明了该命题是错误的。第三人的证据直接摧毁了原告三段论的大前提，大前提的错误导致由其推导出的结论也丧失了可靠性，由此原告不再能够仅由返回的代码来证明被告使用了涉案软件。

### 5.1.2.2 举证责任的分配与转换

此时同样需要讨论举证责任分配问题，即原告仅可证明"返回代码→可能使用软件",则是否只要求原告证明被告有侵权的可能性即可。

笔者认为,一方面,可以用一句话来回答这一问题,即"用事实反驳事实,以推论反驳推论"——基于民事诉讼的"武器平等原则",既然原告仅仅提出了包含某种可能性的推论而并未直接证明待证事实,自然应当允许被告通过证明该推论不成立而非直接以事实证据来反驳原告。这一举证责任的转换过程可以表述为:(1)原告提出推论;(2)被告可选择以推论或事实来反驳原告的推论;(3)被告以推论反驳后,原告应另行提出事实证据;(4)被告只能以事实证据反驳原告的事实证据。本案中,原告磊若公司提出了"返回代码→使用软件"这一推论,自然应当允许被告通过证明该推论不成立来反驳原告,则此时证明责任又回到了原告方,原告必须继续提出新的证据来提出新的推论或证明客观事实。而假如原告通过行政执法机关或司法机关直接取得了被告使用涉案软件的事实证据,如固定了服务器中的软件、日志等电子数据、物理封存了被告使用的电脑主机等,则此时被告就只能提出事实证据来反驳原告的主张了。

另一方面,本案在举证责任分配时尚有其他的考量因素:第一,涉案Serv-U软件价格不菲,原告系资力雄厚的大企业,专门聘请了专业的知识产权代理公司和律师事务所在我国进行大规模商业维权,因此具备丰富的法律知识和极强的举证能力,此时对其举证责任的要求似不应等同于对社会一般公众或行业普通主体非商业维权的要求;第二,"法律不保护懒惰人",原告有很高的法律知识和举证能力,又具备进一步获取事实证据的条件,不应只取得了初步证据便浅尝辄止,而应在合理程度内尽可能地收集证据来维护自身合法权益,微软公司证明侵权事实存在的做法(现场取证、物理封存等)便为其提供了很好的范例;第三,涉案服务器并非被告所有,而是租用的公共服务器空间,被告或第三人很难取得和提供该公共服务器的日志，故并不能认为其具有举证的便利而有意不提供证据；第四，若认为原告仅通过telnet命令即完成了举证责任，则其诉讼成本将变得相当低廉，尤其在其推论被证明并不可靠的情况下仍坚持认为其完成了举证责任，则极有可能引发滥诉；第五，本案中第三人称其使用的Filezilla Server系开源软件，易受黑客攻击，伪装软件返回的代码可以误导黑客，使其采用错误的攻击工具和手段，给攻击服务器制造障碍，笔者就此专门咨询了网络安全专家，证实这一说法在技术上是有效的。

目前磊若公司在我国多个省市发起了大规模的商业维权，均以telnet命令返回的代码作为证明被告侵权的唯一证据。笔者认为，该证据可以作为证明被告侵权的证据，但仅仅是初步证据，在被告提出合理质疑和抗辩后原告必须对该证据进行补强，否则考虑到商业维权的专业性和这一举证方式易滋生滥诉的可能性，此时承担举证不能不利后果的应是原告而非被告。

### 5.1.2.3 软件著作权的侵权判断

还可以换一个角度来看问题。本案是计算机软件著作权纠纷案，原告认为被告侵犯了其计算机软件著作权，而"接触+实质性相似"是判断著作权侵权的惯常标准。要求原告证明被告实施了侵犯其软件著作权的行为，实质上是要求原告证明被告以法律规定的方式使用了原告的软件，被控侵权软件复制于或来源于原告软件。或者可以说，被控侵权软件与原告的软件"实质性相似"。[1] 换句话说，原告需要证明被控侵权软件是其享有著作权之软件的复制件或由其改编的演绎作品，两者之间存在"实质性相似"。

---

[1] 陈锦川，《著作权审判原理解读与实务指导》，法律出版社2014年版，第106页。

而在本案中，原告的举证根本没有涉及软件"实质性相似"的问题。此时退一步来说，即使涉案网站返回的代码不是被告自行设置的虚假代码，而确实反映了被告使用软件的真实情况，该软件返回的代码也只能体现被告使用的软件的名称，根本无法反映该软件的源代码、目标代码等内容信息。也就是说，原告仅能证明被告使用的涉案软件与原告的软件名称相同或近似，无法证明两者的内容构成"实质性相似"，而作品名称本身不是作品，是不受《著作权法》保护的。此时结合上文的论述，同样不应认为原告尽到了举证责任。司法实践中，浙江省高级人民法院便以此理由驳回了磊若公司在该地商业维权诉讼的诉讼请求。[1]

### ▶ 5.1.3 商业使用软件与著作权侵权

#### 5.1.3.1 "使用人"的认定

本案中原告要求被告承担责任的依据是《最高人民法院关于审理著作权民事纠纷案件适用法律若干问题的解释》（以下简称《著作权司法解释》）第二十一条，该条规定："计算机软件用户未经许可或者超过许可范围商业使用计算机软件的，依据著作权法第四十八条第（一）项、《计算机软件保护条例》第二十四条第（一）项的规定承担民事责任。"该条中所指向的另两个法条均是关于侵犯计算机软件复制权的规定。本案中，原告认为被告甲公司租用的服务器安装有涉案软件，而其官方网站又是商业性的，所以属于未经许可商业使用计算机软件，应当依照该条规定承担侵权责任。

要评价原告的说法是否正确，就需要先对涉案软件的用途进行了解。本案涉及的Serv-U软件是一款FTP服务器软件，通过该软

---

1 参见浙江省高级人民法院（2012）浙知终字第328号民事判决书。

件，可以使网络上任何一台计算机与FTP服务器连接，进行文件或目录的复制、移动、创建和删除等。然而在服务器上用于架设网站的空间和用于储存FTP上传文件的空间是分离的，编辑、上传网站内容并不需要使用FTP服务器软件，因此可以说该软件与网站内容的编辑、管理是无关的。而甲公司只进行网站内容的编辑和上传，并未使用涉案软件的任何功能，此时该软件的"使用人"究竟是软件所在服务器空间的所有人还是软件的实际使用人呢？

为分析这一问题，试举一案例：A将自己的笔记本电脑交给好友B，并请B帮忙安装一款杀毒软件，但B在该电脑上安装了盗版软件并进行了营利性的使用，A对此并不知情，此时A作为该电脑的所有人是否应承担侵犯该计算机软件著作权的责任呢？答案显然应是否定的。此例中复制涉案软件的和实际进行商业使用的均是B，A并不具备查知的能力，也不应被课以监督的义务，所以承担侵权责任的只能是B而不是A。本案中似乎也是这种情况，甲公司付费请乙公司为其架设和维护网站，只要保证网站页面美观且甲公司能够编辑网站内容即可，其并不知道乙公司架设网站的具体方式，也不知道乙公司具体安装和使用了什么软件，更未使用乙公司安装在服务器上的涉案软件，同时甲公司既不具备计算机和网络方面的专业知识，又没有对服务器进行支配和控制，因此要求甲公司承担责任是不合理的。可供参考的是，在磊若公司诉宝馨公司、中企动力公司、中企网公司等侵害计算机软件著作权纠纷案中，一审、二审法院一致认为，宝馨公司租用服务器经营其官方网站，虽然该服务器上安装盗版服务器软件，但宝馨公司实际上并没有控制服务器软件，对服务器软件也无支配权力，因此并未侵害服务器软件著作权人的合法权益；宝馨公司网站所在物理服务器上安装有Serv-U6.0软件，且该软件系在中企动力公司、中企网公司的控制下，故可推定中企动力公司、中企网公司在上述服务器上使用了涉案软件，其系该软件的用户。[1]

### 5.1.3.2 《著作权司法解释》第二十一条的适用

前文所述的《著作权司法解释》第二十一条采用指引性的规定，将"商业使用"和"复制"联系在了一起，试图一方面通过追究盗版软件商业用户的责任强化对著作权人的权利保障，另一方面又要符合著作权法的基本法理，保证法律体系内部的协调，故将商业使用指向了侵犯作品复制权的行为。但这样的规定还是过于含糊，在商业使用人（永久复制件的持有者）与软件安装者（复制行为的实际实施者）不是同一人的情况下，如何适用这一法律规定便成为难题。这一问题在本案中也有所涉及，试想若乙公司安装（复制）了涉案软件供甲公司商业使用，则依据该条谁应当承担侵权责任？

对此，一种观点认为，依据著作权法法理，著作权人享有专有权利可以控制他人实施针对作品的特定行为，因此该条的规定实际上还是为了控制复制行为。如王迁教授认为，使用计算机软件前必须"安装"软件，而"安装"是一个典型的复制行为，因此商业使用盗版软件构成对软件著作权的"直接侵权"。[2] 另一种观点认为，该条是直接针对商业使用者这一软件的终端用户作出的规定，其中的法条指引只是说明了其承担责任可参照的具体方式。最高人民法院知识产权审判庭撰写的《如何理解和适用〈关于审理著作权民事纠纷案件适用法律若干问题的解释〉》中谈道："《若干解释》对当前软件著作权保护中最为重要的确定商业使用软件最终用户民事责任问题进行了澄清，明确规定了人民法院对其追究民事责

---

[1] 参见江苏省苏州市中级人民法院（2011）苏知民初字第322号民事判决书，江苏省高级人民法院（2012）苏知民终字第220号民事判决书。

[2] 参见王迁，《知识产权法教程》（第4版），中国人民大学出版社2014年版，第245页。但这一观点并没有考虑商业使用者和复制行为实施者分离的情形。

任的具体法律依据……该条司法解释的要点有两个：一是对软件的商业使用；二是要依据著作权法和软件保护条例关于复制的侵权行为追究民事责任。"这一说明同样没有说清，商业使用软件的最终用户究竟是必须承担侵权责任，同时参照侵犯复制权的法律规定来确定承担责任的具体方式，还是只有其侵犯了软件复制权才需要承担责任。而这一问题在复制者和使用者分离的情况下便显得十分重要。

对此笔者认为，可运用法律方法论中广义体系解释的方法来解答这一问题。《计算机软件保护条例》第三十条前段规定："软件的复制品持有人不知道也没有合理理由应当知道该软件是侵权复制品的，不承担赔偿责任；但是，应当停止使用、销毁该侵权复制品。"该条规定了侵权软件使用者的责任，不同于著作权法一般不追究终端用户（如盗版书籍、音像制品等的购买和使用者）责任的做法，属于强化计算机软件著作权保护的特别规定。由该条规定可知，就计算机软件而言，即使没有主观过错的软件复制品持有人都必须承担停止侵权的责任，而该条中的"软件复制品持有人"又属"商业使用软件者"的上位概念，则"举轻以明重"，商业使用软件者至少应当承担停止侵权责任。如此便证明了上文的第二种观点，即商业使用软件的最终用户必须参照侵犯复制权的规定来承担法律责任，如其没有主观过错，则仅须承担停止侵权的责任；如其具有主观过错，则还应一并承担赔偿等责任。此外诚如王迁教授所言，如果软件用户自行安装并商业使用了计算机软件，其行为显然受著作权人复制权的控制，在没有合法授权且并不属于合理使用的情况下，自应依照《著作权法》的规定承担侵犯著作权人复制权的责任。

与本案取证过程类似的是，2022年以来，某公司以批量诉讼的方式进行司法维权，并通过取证软件和区块链技术对大量企业网站进行证据保全，具体保全过程未经公证机关公证，而多通过湖南云电司法鉴定所签发《电子数据保全证书》。截至2023年年底，该公司以不同的网站主体为被告，在全国法院已经提起600余件侵害软件著作权纠纷的诉讼，并通过诉讼获取了较大收益。对此最高人民法院系列判决认为，在确定赔偿数额时应当考虑，一方面，某公司虽主张权利软件开源版的授权价格在6万至20万元，但考虑到该价格中包含了相关技术支持服务的价值，且某公司公开的软件价格不同时期、不同版本差异巨大，权利软件开源版的授权价格参考价值不大，不应简单依据权利软件的授权许可费确定赔偿，而应考虑侵权行为的具体情节，特别是考虑使用被诉侵权软件的方式、范围、权限等因素确定恰当的赔偿数额；另一方面，2022年以来，某公司以涉案系列软件为权利基础，在全国法院提起至少600余件侵害计算机软件著作权纠纷案件，并因此获得较大收益。

# 5.2
# 侵害表演权的成立与否定

## ▶ 5.2.1 朗诵作品

朗诵是文艺节目与晚会中时常出现的一种艺术表现形式。艺术家抑扬顿挫的吟诵不仅能准确传递作品的思想内容，更能以自身情感感染观众、形成共鸣，使听众领会语言艺术之大美。然而，未经作者许可而公开朗诵其作品，是否会存在著作权法上的侵权风险呢？

我国《著作权法》第十条既规定了著作权的内容，也列举了受著作权控制的行为，未经权利人许可实施受控行为即为对著作权的侵犯。这些行为中并没有直接列明"朗诵"，同时我们也可以排除其中所列的"发行"，因为朗诵者并未向听众提供作品的原件或复制件。实际上，著作权法中的表演权可以控制公开表演作品的行为，而公开朗诵作品正是对作品的公开表演。著作权法之所以专门为表演者设立邻接权，除鼓励作品传播外，还因为表演者在处理与展现作品的过程中加入了自己独特的艺术判断，使作品的呈现融入了自身的个性；对听众朗诵和对听众弹奏一样，同样体现着表演者对作品的个人解读，没有理由将朗诵从表演行为中排除。因此，公开朗诵作品是对作品的表演，未经作品著作权人许可可能构成侵权。

由于我国《著作权法》对朗诵作品行为的态度不甚明晰，引发了法律理解、适用上的争议，实际上，很多国家的法律对朗诵作品行为有着明确的规定。德国、日本和意大利的著作权法均明确规定作者对其作品享有公开朗诵权；美国、法国、韩国和埃及的著作权法均规定公开朗诵属于表演；《英国版权法》认为"表演"包括授课、演讲、讲话和布道；《南非版权法》也认为表演讲义、演讲稿和布道包括其传达行为；《巴西著作权法》则规定以表演、演说或朗诵的方式对文学、艺术和科学作品进行直接或间接的使用，应事先获得该作品的作者的明示授权。

此外，《伯尔尼公约》也明确规定，文学作品的作者享有授权公开朗诵其作品，包括用各种手段或方式公开朗诵，以及授权用各种手段公开播送其作品的朗诵的专有权利。我国是《伯尔尼公约》的成员国，在国内法没有明确设置朗诵权时，为履行公约义务而将表演解释为包含朗诵，是有其法理基础的。需要说明，根据《伯尔尼公约指南》的解释，前述"文学作品"指除戏剧作品外的可以公开朗诵或背诵的任何作品。

值得注意的是，我国《著作权法》将作品区分为文学、艺术和科学作品三个大类，其中，科学作品主要表达或阐述科学或者技术方面的内容，旨在传递科学技术上的思想和观点，这类作品并不具有艺术作品的美学性，其独创性的判断与"美"无关。那么，朗诵或表演是否需要区别作品类型呢？一种观点认为，表演是对作品的传递，科学作品本身就不具有美学性，即使朗读者水平再高超，听众也无法从中获得任何艺术美感；同时，体现科学思想的科学作品不需要也不应该被朗读者自行加入艺术的创作。当然，不排除一些作品，尤其是科普作品可以同时具备文学艺术性和科学性，此时需要进行个案认定。

对此笔者认为，上述观点是出于一般人对表演艺术的理解，而并未考虑著作权法上作品传播方式和途径的内在含义。认为表演包含朗诵，其目的主要是控制作品通过口述的方式向公众传播，从而对作者造成损害，而这一对传播的控制是不需要考虑作品自身的艺术性的，因此没有理由对作品的类型进行区分；而从《伯尔尼公约》和各国立法的情况看，也都没有对朗诵对象进行区分。

而为平衡权利人和社会间的利益，保护公众对作品的正当使用，著作权法为著作权设置了一些必要的限制，"合理使用"便是其中之一。当使用行为构成对作品的合理使用时，可不经著作权人许可并无须支付报酬，但应指明作者姓名、作品名称，且不得侵犯著作权人的其他权利。其中，根据我国《著作权法》第二十四条第一款第九项的规定，免费表演已经发表的作品，该表演未向公众收取费用，也未向表演者支付报酬，且不以营利为目的，构成对该作品的合理使用。从该项规定可见，实际上我们生活中的很多朗诵行为均可以构成对作品的合理使用，如在广场朗诵纪念诗篇、在研讨会朗读科技论文、在集会上宣读倡议书等。此外，法律对这类表演的许可似乎也应包括为进行表演所必需的对作品的复制，即制作作品复制件以便对照朗读或背诵。

## ▶ 5.2.2 表演他人作品之合理使用

随着群众精神需求的增长与社会文化生活的繁荣，公开表演他人作品的现象已屡见不鲜，而这样的表演很多并没有获得作品著作权人的授权，存在一定的法律风险。为平衡权利人与社会公众间的利益，著作权法对著作权人的权利进行了必要限制，为公众提供了可以不经许可、合理使用作品的途径，但在实践中，法律的规定却似乎并不像我们想象的那样清晰。

### 5.2.2.1 边界的模糊性

我国《著作权法》采用了双重结构来对表演进行规范：一方面在第十条第一款第九项规定了著作权中包含有表演权这一权项，即控制公开表演作品和公开播送作品表演的权利；另一方面在第三十八条对使用他人作品演出也进行了规定，即表演者或演出组织者应当取得著作权人许可，并支付报酬。而作为对作品著作权中表演权的限制，我国《著作权法》第二十四条第一款第九项规定，如免费表演已经发表的作品，该表演未向公众收取费用，也未向表演者支付报酬，且不以营利为目的，可以不经著作权人许可，不向其支付报酬，但应当指明作者姓名或名称、作品名称，并且不得侵犯著作权人依照著作权法所享有的其他权利。

在我国2010年《著作权法》中，"免费表演"由"未向公众收取费用"和"未向表演者支付报酬"两个要件构成，但在实践中却往往会将"免费表演"解读为"非商业性表演"，并增添其他新的判断要素。持此观点者一般认为，目前的营销手段花样翻新、层出不穷，完全能够实现不直接向公众收取费用而又为演出的组织者、赞助者等带来经济利益，这种"不劳而获"的行为给著作权人造成了不应有的损害；社会发展已远远超出了法律条文规定的要件，因此需要进行适当扩展，对法律规定进行扩张解释。我国2020年《著作权法》也采纳了这一观点，特别加入了"不以营利为目的"的构成要件。

笔者认为，这一观点确有合理性，但对"非商业性"的理解又会带来新的问题。具体而言，在现实生活中可能存在如下一些表演方式：（1）向观众收取费用；（2）不收费，但要求观众作出其他行为以换取观看表演的资格，如购买商品、加公众号、转发集赞等；（3）对观众无要求，但在表演中主动甚至重点宣传企业或产品，包括播放、宣读和派发广告等；（4）在表演中附带提及企业或产品，如标注logo、冠名赞助、植入广告、赠送试用品等；（5）在营业场所（如商场、酒吧、咖啡店等）对作品进行人工或机械表演；（6）在非营业场所组织目的特定的义演，观众可自愿捐款；（7）在学校、福利院等场所面向学生、家长、老人、儿童等特定群体进行的免费表演；（8）在非营业性的公共场所面向不特定公众进行免费表演。以上列举的表演方式并未穷尽，但已然使问题更加复杂化。

当我们运用抽象概括法区分思想与表达时，正如汉德法官所说，在抽象化的过程中总有一个点是区分内容是否可以受到保护的。笔者也同样相信，在判断表演是否构成合理使用时同样存在这样的界分点——个案的情况千差万别，但一些标准应该是具有普适性的。我们所要做的，就是尽可能地找到并接近这一界分点。

### 5.2.2.2 资料的解读

在对法律条文进行解释时，全国人大法工委民法室编撰的法律释义往往可以体现立法者在制定法律规范时的思考，也是进行主观目的论解释时较为权威的依据。合理使用作品进行表演的规定最早来源于1990年《著作权法》第二十二条第一款第九项，具体为"免费表演已经发表的作品"。同年出版的《著作权法释义》（以下简称《释义》）中认为，"免费表演"指"非营业性的演出"，且其不包括向观众收费后演员捐献演出费的"义务演出"。[1]

我国2001年《著作权法》将该条规定修改为"未向公众收取费用"和"未向表演者支付报酬"两个要件。同年出版的《中华人民共和国著作权法释解》中则使用了与前一《释义》相同的表述，即同样认为"免费表演"指"非营业性的演出"，同时说明为进一步明确什么是免费表演，著作权法修正案作了明确的界定（两个要件），以利于实践中操作执行。[2] 该释解中使用了"明确的界定"这一表述，似乎表明立法者的本意是认为"免费表演"仅由两个要件构成。

而在国务院法制办2014年起草的《著作权法（修订草案送审稿）》中，相应条款的表述又发生了变化，该稿第四十三条第一款第九项在现行著作权法规定的基础上，增加了"也未以其他方式获得经济利益"的新要件。从中可见，这一修改明显是对"非商业性表演"观点的回应与印证。此外值得注意的是，前文所提到的两部法律释义中，也均使用了"非营业性演出"的表述。

《伯尔尼公约》第十一条规定了著作权包含公开表演权，同时第十一条之二规定的播放权的一部分和之三规定的公开朗诵权也属于我国著作权法中表演权的内容，但该公约并未对表演权专门设置例外。TRIPS协定第十三条则对著作权的限制进行了概括性规定，即著名的"三步检验法"条款。该条规定实际上来源于《伯尔尼公

---

1　胡康生，《著作权法释义》，北京师范大学出版社1990年版，第57–58页。

2　姚红，《中华人民共和国著作权法释解》，群众出版社2001年版，第168–169页。

约》第九条第二款，但将适用的对象从复制权扩大到所有著作权权利。此后《世界知识产权组织版权条约》和《世界知识产权组织表演和录音制品条约》也都将"三步检验法"纳入其中，作为对专有权限制与例外的评估标准。

在各国国内立法方面，《日本著作权法》第三十八条明确规定了"不以营利为目的"的要求，且不得向观众收取任何费用（即以任何名义收取的对价）。《韩国著作权法》第二十九条第一款规定，不以营利为目的，既不向听众、观众或第三人收取费用，也不向表演者支付费用的，可以对已公开作品进行公开表演或广播。《德国著作权法》第五十二条规定无营利目的、对参加者不收费、表演者无收入的表演或宗教活动表演无须经过著作权人许可，但应支付适当报酬；教育、福利机构举办的仅由特定范围人员参加的活动无须付酬；公开戏剧表演应取得权利人许可。《美国版权法》第一百一十条分别对非营利教育机构、宗教集会和仪式、政府机构、非营利性组织、销售企业表演作品等进行了详细规定；其中包括没有直接或间接的商业利益，且不支付给表演者、发起人或组织者费用或其他报酬而表演非戏剧文学或音乐作品，还包括销售企业为促进作品或播放装置的零售而免费向公众表演非戏剧音乐作品。《法国知识产权法典》L.122-5条规定，作品发表后，作者不得禁止仅在家庭范围内进行的私人和免费的表演，以及用作教研中说明的对作品摘要的表演。《英国版权法》第三十四条规定了教育机构活动过程中对作品的表演。《俄罗斯联邦民法典》第一千二百七十七条仅规定了官方及宗教仪式或葬礼时可公开表演音乐作品。《巴西著作权法》第四十六条第五款规定，为了向销售者展示目的，在商业场所使用作品不构成对著作权的侵害，只要该场所销售可以进行此种使用的材料或设备（即销售被展示的作品复制件或播放设备）；第六款规定，不以营利为目的，在家庭范围内或完全以教学为目

的在教育机构进行舞台和音乐表演不侵权。《埃及著作权法》第
一百七十一条第一款也有类似前述第六款的规定。

从比较法视角可以看出，目前世界范围内对合理使用作品进行
表演存在四种不同的规范形式：一是为其设置一般条款，该条款通
常明确包含"不以营利为目的"的要求，其余要件则与我国现行法
律规定较为一致；二是不设一般条款，而是对表演主体、目的、场
合等进行详细限制，如私人（家庭）、教学、福利、宗教活动、葬
礼等；三是前两点结合的双重结构，即规定符合一般条款规定的情
形无须著作权人许可但须支付报酬，而符合法律规定的特定目的则
无须支付报酬；四是一些国家特别为作品或其播放设备销售者的展
示行为设置了例外。

专家学者在自己撰写的教科书中的观点也可供参考。在国内学者
的研究中，王迁教授认为，从"未向表演者支付报酬"推断，"免费
表演"应仅指现场表演，而不包括机械表演；"费用"和"报酬"则
包括以任何名义收取或支付的，与欣赏或表演作品有关的直接或间接
的费用和报酬；此外，进行筹款的慈善义演并不属于免费表演。[1] 张今
老师的观点也与此相近。[2] 吴伟光老师则认为，"免费表演"也包括机
械表演，其具有即时性、受众范围有限的特点；如果表演有商业上的
广告或者赞助等收入，那么也不是免费的。[3]

在国外学者的研究中，享有盛誉的《著作权与邻接权》一书中
在"自由无偿使用"部分认为，该情况可能包含在学校进行的表演
或演奏，为了示范目的在专门商业机构中播放音乐录音作品，私人

---

1　王迁，《著作权法》，中国人民大学出版社2015年版，第359–360页。

2　张今，《著作权法》，北京大学出版社2015年版，第167页；何怀文，《中国
　　著作权法》，北京大学出版社2016年版，第722–723页。

3　吴伟光，《著作权法研究——国际条约、中国立法与司法实践》，清华大学出
　　版社2013年版，第424–425页。

表演和免费表演等。[1]另有日本学者认为，"不以营利为目的"是自由使用作品的独立的要件之一，其中既不包括直接目的为营利，也不包括间接目的为营利，如营利单位为宣传商品而举办的免费表演和商店播放背景音乐等。[2]

由上述资料可见，目前学界一般认为，合理使用他人作品进行表演应不以营利为目的，其中包括"间接营利"。但如何判断"间接营利"，无论是从比较法还是学术研究的角度，目前都缺乏明确、可操作的判断标准。

### 5.2.2.3 可能的法律构造

从现行著作权法的规定看，法律为免费表演设置的例外是很严格的，其不仅是基于繁荣文化、满足社会公众需求的目的，而且还要在满足此目的的情况下最大限度地保护著作权人的合法权益，防止某些商业主体以免费表演为名"搭便车"进行商业宣传。基于此，我国目前采取的是一般条款式的立法模式，在其中似应加入排除"间接营利"这一要件。具体而言，笔者认为该条款中的几个判断要件可作如下展开。

一是向公众收取的"费用"也应包含其他替代性义务，如要求观众购买商品等换取观看表演的资格。而在被课以关注公众号、转发集赞等义务时，观众看似并没有费用的支出、没有财产的变动，此时则可用下文将分析的"间接营利"要件进行判断。

二是在判断表演者是否获得报酬时，基于不当得利的法律原理，应支出的费用未支出也属于一种消极的获利，故表演者本应支出费用

---

1　[西班牙]德利娅·利普希克，《著作权与邻接权》，联合国教科文组织译，中国对外翻译出版公司2000年版，第175、181、182页。

2　[日]半田正夫、纹谷畅男，《著作权法50讲》，魏启学译，法律出版社1990年版，第270–271页。

得到减免似乎也可视为其获得了报酬。例如，某企业免费向一业余表演团体提供演出场地、设备、服装、道具等，换取在演出中标注logo、冠名赞助、插入广告等机会。实践中，在表演者与欲获宣传的经营者分离的情况下，鲜有后者不向前者支付报酬或提供其他利益的情况，除非两者具有密切的关联关系；而在表演者和经营者是同一主体的情况下，判断表演者是否因演出而获得报酬则并非易事。

三是关于"间接营利"的判断，在现行著作权法及相关学说对其均并无详细规定及阐释的情况下，笔者认为，我们可以引入反不正当竞争法中的一些要素来对"间接营利"，或者说对法条中的"免费表演"进行解释，以期一方面更为妥善地实现利益平衡，另一方面使法律增加确定性和可操作性。做这样的考虑，一是基于反不正当竞争法在知识产权法中所具有的兜底性质，二是因为反不正当竞争法所蕴含的对不劳而获、"搭便车"等行为的规制及对诚实信用原则和公认商业道德的维护。具体而言，在主体方面，对营利的追求意味着表演活动中必然有经营者的参与，即组织表演或者为表演提供帮助（包括资金、服装道具、场地、设备等）的主体一般为具有营利性质、追求利益的经营者，包括商品生产、销售者和服务提供者等；更为重要的是在获利方面，"间接营利"意味着该经营者虽未通过向观众收取费用而直接获利，但通过表演活动却能够为其夺取交易机会、赢得竞争优势，或者破坏其他经营者的竞争优势。例如，借助"免费表演"实施企业或商品的宣传推广活动，或者提升服务场所档次等，都属于为经营者攫取交易机会、争夺购买力的行为。

基于这一观点，前文所述要求观众关注公众号、转发集赞等换取观看表演资格，在表演中主动或附带宣传企业或产品，在营业场所对作品进行人工或机械表演等均属于为经营者增加竞争优势、谋取交易机会的行为。而如果用这一观点解释进行筹款的慈善义演，则似乎可以认为众多企业在慈善义演上的捐款属于为企业赢得正面评价、积累商誉的行为，现实中也发生过某些企业在镜头前承诺捐赠巨额善款，但事后又反悔、拒不认账的情况。在此还可另举一例：某著名歌唱家受其好友（某商场经营者）的邀请，赴该商场演唱多首歌曲并分文不取，观者纷至沓来、摩肩接踵。此表演未向公众收取费用，也未向表演者支付报酬，但为该商场增加了客流量，攫取交易机会与购买力，更在一定地域范围内增加了该商场的知名度、提升了其商誉，使其赢得了竞争优势。此时该歌唱家显然不能主张其表演是对音乐作品的合理使用。

需注意的是，本文对"间接营利"的判断借用了反不正当竞争法的理论和要件，但所得出的结论是表演者的合理使用抗辩并不成立，其行为构成侵犯著作权（表演权），而非不正当竞争。进一步展开，在"间接营利"的情况下适用著作权法其实也是对行为人违反诚实信用原则、不劳而获的行为进行规制，但著作权法保护的是著作权人的合法权利，反不正当竞争法则旨在维护其他竞争者、消费者合法权益和市场正常秩序。

# 5.3
## 作品整体授权与拆分使用

探求作品整体与部分的关系，是因为实践中往往存在著作权人将作品许可他人使用，而使用者却只单独使用其中一部分的情况。例如，某美术作品为许多卡通人物的"大合照"，而被许可人仅单独使用了其中某个角色形象。那么，这一单独使用作品之一部分的行为，是合法的还是会构成侵权呢？笔者认为，该类行为可能会受到一些学说给予的否定评价。

## ▶ 5.3.1 可能的理论评价

如"汇编作品说"认为，汇编作品的独创性体现在作者对各种材料独特的、富有个性的选择和编排上，而与单个材料是不是作品无关，汇编作品中单独材料的著作权也与汇编作品的著作权相分离，对后者享有著作权并不能对前者主张权利。而卡通人物的大合照也可比作这里的汇编作品：一方面，其中的角色可能并非由大合照的作者创作，而是既存的他人作品；另一方面，大合照也并非类似证件照的简单拼接，其中的人物关系与互动，包括角色间动作、表情的配合等才是创作大合照的主要目的。同理，整体的著作权许可并不意味着对其中单独角色形象著作权的许可，甚至大合照作者本身都无权发放许可。此外，类似合作作品中可单独使用的部分和电影作品中可单独使用的音乐等其他作品，其也存在整体与部分在性质和权属上的差异，显然不能在两者间画上等号。

"权利人预期与市场替代说"认为，著作权人在与使用者订立许可合同时，其预想的授权使用的标的物是作品整体，即整幅大合照，而对其中的单独角色著作权人往往"另有安排"，很有可能继续开发其他的商业用途并另外获取报酬。而被许可人单独使用大合照中的某一卡通形象，不但超出了权利人订立合同时的预期，违背了双方合意与合同目的，同时也会对权利人使用该角色造成市场替代，损害权利人利益。这一点不应归于意思表示错误的范畴，而是双方在订立合同之初对预设的前提条件就应具备清晰认识。

"保护作品完整权说"则认为，将完整作品拆分使用，很可能侵犯著作权人的修改权或保护作品完整权，如果认为保护作品完整权与著作权人名誉方面无涉，则更是如此。

## ▶ 5.3.2 相关案例

与之相关的是，目前可以检索到关于汇编作品利用，主要体现在专有出版权方面的一些案例。如北京知识产权法院（2016）京73民终第1080号长江文艺出版社侵害出版者权纠纷二审民事判决书认为，专有出版权指向的客体应为图书的整体或实质性部分，而不能延及图书中各个非实质性的组成部分。理由是：（1）汇编作品的著作权不等于其中被汇编各个作品的著作权的总和；（2）汇编作品的市场影响和价值不等于其中被汇编各个作品的市场影响和价值的总和；（3）《著作权法》第二十九条规定："许可使用合同和转让合同中著作权人未明确许可、转让的权利，未经著作权人同意，另一方当事人不得行使。"因此，在著作权人既享有汇编作品著作权又享有其中被汇编的各个作品的著作权的情况下，著作权人许可他人使用汇编作品并不当然意味着著作权人许可他人使用被汇编的各个作品。如果被许可使用人欲取得被汇编的各个作品的使用权，应当取得著作权人的明确授权。也就是说，在著作权人许可被许可使用人使用汇编作品的情况下，被许可使用人仅有权使用该汇编作品，而不得单独或者部分使用其中被汇编的各个作品。在著作权人许可被许可使用人使用汇编作品的情况下，他人未经许可既不得使用该汇编作品，也不得使用该汇编作品的实质性部分。

类似地，在审理金城出版社与中华书局侵害著作权纠纷时，北京市高级人民法院（2020）京民申5457号民事裁定书认为，案涉图书出版合同中约定了中华书局享有中文版作品名称为《陈梦家全集》的专有出版权，同时也约定了中华书局可以先以《陈梦家著作集》名义出版陈梦家先生的重要著作，待全集编纂准备工作完成、条件成熟后再出版不包括书信部分的《陈梦家全集》。因此，中华书局不仅依约享有《陈梦家全集》的专有出版权，而且享有对陈梦家重要著作的专有出版权。因此，中华书局所取得专有出版权所针对的作品，不限于陈梦家全集汇编作品，也包括陈梦家的重要著作。中华书局对于陈梦家作品《美帝国主义劫掠的我国殷周铜器集录》享有中文文本的专有出版权。

综上，为避免拆分使用作品之一部分而可能产生的法律风险，最好在寻求权利人许可时对相应的行为和权利通过合同进行明确约定，避免事后发生争议。但需注意的是，实践中存在的情况远比本文抽象出的问题更为复杂，如对文字作品进行删减、节选、摘编等，既可能需要合同特别约定，也可能存在法律规定，如合理使用中的"适当引用"、媒体转载（摘引）等，还可能涉及行业惯例，如对投稿稿件的编辑等。对真实环境中的复杂个案，显然存在继续分析、讨论的必要。

### ▶ 5.3.3 规定的局限性

对于授权许可的推定，审视现行法律规定，也可发现其中存在一定局限。《著作权法》第二十九条规定："许可使用合同和转让合同中著作权人未明确许可、转让的权利，未经著作权人同意，另一方当事人不得行使。"根据这一规定，对著作权人未明确许可的权利视为未许可，但对已经许可的权利，则未涉及获得许可后针对的是作品整体还是可以延及作品之一部分。根据前文论述，似可认为著作权人未明确许可使用的对象或者说未明确授权使用作品的方式，包括拆分作品进行使用，应视为未许可。作此有利于著作权人的推定也符合该条规定的立法目的。

可供参考的，我国台湾地区"著作权法"第三十七条第一款规定："著作财产权人得授权他人利用著作，其授权利用之地域、时间、内容、利用方法或其他事项，依当事人之约定；其约定不明之部分，推定为未授权。"而作品的部分利用，似可归入"利用方法"中。

# 5.4
# 互联网环境下物权与著作权的再调和

## ▶ 5.4.1 权利冲突与平衡之达成

作品与载体相生相伴，作品为了保存与流传必须依附于一定物质载体，而作品中所蕴含的智慧与崇高亦使其载体熠熠生辉。著作权的无形性使在同一物上同时承载著作权和物权两项权利成为可能，而在两项权利分属不同主体时，不难想象易生龃龉。申言之，著作权对作者的激励主要通过著作财产权，尤其是通过赋予著作权人控制作品利用和传播的权利来实现的，物的价值也体现在其使用价值和交换价值，即使用权和处分权上，而这两者很可能会出现重叠，并使物权的行使受到著作权的限制。

目前达成的平衡规则，可以简单概括为以下几点：一是私人使用规则，这一规则能够使个人使用和在密切社交圈内使用作品排除著作权的控制，自然也包括在此范围内任何作品载体的使用；二是发行权用尽规则（亦称权利穷竭或首次销售原则），对经著作权人许可发行的作品载体，再次销售或赠与时可不受作品发行权控制；三是《著作权法》规定美术、摄影作品原件的展览权由原件所有人享有；四是特殊主体对作品的合理使用，如为陈列或保存版本而复制馆藏作品，软件合法复制品所有人对软件的安装、备份、修改等；五是销售者合法来源抗辩，这一规则虽主要是基于销售者审查能力和保护交易安全等考虑而设立，但其实际结果也在一定程度上保障了善意的复制件所有者行使处分权（在停止侵权判决作出前）。

审视这些规则会发现，其中涉及的具体利用行为无论是复制、展览还是发行，一定都是线下的、不涉及信息网络传播的，理由也很容易想到：线下传播受载体数量限制，且著作权人一般已经获得了相应的补偿，而无论是否属于交互式传播，信息网络的传播范围与可能受众均远大于此，一旦实施将会对著作权人造成巨大的、难以弥补的损害，自无法为法律所容忍。

## ▶ 5.4.2 网络环境下的新问题

随着社会的发展，当前互联网已成为日常生活不可或缺的一部分，人民日益增长的美好生活需要及精神需求也使作品几乎无处不在，两者结合所带来的问题是作品在网络中的"出镜率"变得如此之高，以至于我们难以忽视著作权可能对生活产生的影响，并重新检讨既有的规则。

例如，十分常见的展示商品行为，网店为展示商品而发布实物图片，该商品上有作为装饰的美术作品，这一行为可能被认定为侵害作品信息网络传播权，然而这样的认定又会违背通常认知：该作品并非销售的主要标的物，商品实物图也不能使公众充分、完整地获得和欣赏该作品。但如果想为这一行为寻找可能的抗辩，我们会发现似乎现有的规则均难以为继，以下作具体分析：一是合理使用之介绍、评论。实务中一般认为，为拍卖美术作品可以对其进行复制发行（印发

宣传册）、展览（海报）和信息网络传播（广告图片），主要依据是
认为这些行为均属于为介绍作品而进行的适当引用，但是在通过互联
网销售商品时，美术作品如果只是作为商品的装饰，并非销售的主要
标的物，卖家很可能会对其只字不提，则难以体现对作品的"介绍、
评论"。二是合理使用之一般条款。2020年修正的《著作权法》在关
于作品合理使用的规定中虽引入了"三步检验法"，但依然沿用了
"法律、行政法规规定的其他情形"的兜底条款，亦即并未设立开放
式的合理使用一般条款，故并无适用之余地。三是附带使用。如果该
作品在其他作品中的呈现只是不经意的、一晃而过的，或者说是次要
的、并不构成内容或画面主要部分的，通常会被认为是对这些作品的
"附带使用"，并不构成侵权。例如，影视剧中拍摄演员在餐厅用餐
的场景，其中便很可能包含餐厅墙上的装饰画、摆放的雕塑、播放的
音乐等。但商品上的美术作品固定呈现于图片中，或许还是在显著位
置，则可能不会被认为是"不经意的、一晃而过的"。如北京互联网
法院判决认为，涉案图形"在电视剧剧集中以特写镜头的方式多次清
晰呈现"，构成侵害著作权。[1] 四是默示许可。一种观点认为，在作
者许可将作品附着于商品时，可视为其对商品推销中使用作品包括信
息网络传播行为进行了默示许可。这一观点有一定道理，但做这样的
推定不利于引导当事人明确订立合同，有损法律行为的安定性。更为
严重的是，如果不对作品在互联网中使用的具体方式、环境等加以区
分，很可能会过度损害著作权人合法权益，这是十分危险的，也是前
文所述法律不予容忍的情形。

---

1  北京互联网法院，《道具侵权？追剧时竟看到自己作品，权利人诉至法院获赔
   偿》，网址：https://baijiahao.baidu.com/s?id=1712314234811589430&wfr=s
   pider&for=pc，最后访问日期：2024年6月13日。

### ▶ 5.4.3 权利再平衡的可能路径

基于目前作品在互联网环境中的实际使用情况及对社会生活产生的重要影响，似有必要对著作权与物权的平衡架构重新进行检讨，本文暂且提出可能的两条规则如下：

一是在物的使用方面，进一步拓展作品附带使用规则，引入"非替代性使用"进行判断。在互联网环境下将附带使用规则进一步拓展至所有善意的（有正当理由的），且不会与作品直接竞争、产生市场替代的使用行为，建立与之相配套的符合市场规律、行业发展和公众认知等的综合评价体系，而不单单再以作品出现位置、时长等简单评价。如最高人民法院（2018）最高法民申996号民事判决认为，在该案中"相关公众在阅读相关内容时，一般会将插图与文章内容结合在一起，而不会将插图作为美术作品进行欣赏"，也就是该插图并未对涉案美术作品形成替代，不会影响该作品的正常使用。

其中，考虑市场规律、行业发展，要求在判断时结合具体作品类型，考虑其与资本结合的能力，判断这一使用方式是否属于应预留给著作权人的利益，如目前对待网络直播中的布景（墙纸、装饰物、玩偶）、主播服装用具（上有美术作品）和其播放或表演的音乐，可能就会是不同态度——广播行为会触及音乐作品的主要收益来源，不合理地损害著作权人的合法权益。而对因技术进步所出现的新的作品利用方式，则往往是通过修改法律来进行新一轮的利益分配。

二是在物的处分方面，针对物的交易流转，创建吸收规则。可认为无论是正版作品复制件的销售者还是合法来源抗辩成立的销售者，不但其销售（发行）行为不构成侵权或可以免除赔偿责任，其为销售而进行的适当的许诺销售行为，包括线下的展示商品、张贴海报和线上的网店销售、直播带货等行为，均不构成对著作权人复制权、展览权、信息网络传播权、广播权等权利的侵犯，即用销售吸收了许诺销售而一并免责。当然，具体的作品使用方式也应接受前述"非替代性使用"的检验，以不影响作品正常使用为限；也没有理由认为著作权人在许可销售（发行）的同时对许诺销售还另外享有单独的权益，故也没有不合理地损害著作权人的合法权益。

可以见出，这两项规则均以"三步检验法"为基础，有其合法性，但这终究只是理论层面的构想，其是否能在互联网环境中妥善运用，是否会失之过宽，引发的后果属于著作权人应容忍的范围还是会对其权益造成不合理的损害，都需要实践来进行检验。

## *5.5*
## 民法典肖像权新规与著作权法之关联

人格权独立成编是我国《民法典》的一大亮点，《民法典》人格权编不仅将原有的对生命健康权、姓名权、隐私权、名誉权等的规定作了进一步细化和完善，还增加了关于人体组织捐献、性骚扰、民事主体信用评价、自然人个人信息等多项新规定，涵盖了民事主体人格权的内容、边界和保护方式，对保障人格尊严与人格独立具有极为重大的意义。其中，人格权编以专章的形式对肖像权进行了规定，而通过分析可见，这些规定虽多意在规范肖像的使用，规制侵犯肖像权的行为，但与著作权法亦有关联。

### ▶ 5.5.1 肖像权对著作权侵权的影响

目前对"侵权作品"，一般认为，本身侵犯他人权利的作品，其著作权又受到侵害时，权利人仅可要求侵权人停止侵权，而不能主张损害赔偿。[1] 这一认识同"不洁之手""人不能从其违法行为中获益"等法学观念颇为契合，符合公平正义原则，具备价值导向功能；也包含着侵权作品无法使用则无收益的推断，符合市场环境和损害填补原则的要求。

在一起侵害作品放映权纠纷案件中，法院判决认为，对于侵犯他人在先著作权等合法权利的作品，无论认为其无权进入市场从而无损失可受填补，还是认为应扣除其中他人贡献并享有权利的部分，在著作权侵权纠纷中均会对侵权损害赔偿数额的计算产生影响，因此有必要对作品是否侵犯他人合法权利进行审查。然而我们不应也无权在著作权法规定之外为作者表明身份及行使权利人为地设置更高门槛，且如动辄要求汇集海量作品权利的主体对每一作品所涉权利状态逐一进行举证，必将对其造成极大负担，加重的举证责任也意味着权利人维权难度及成本的增加。因此，基于对权利人、使用者和社会公众等利益的平衡及对著作权法立法目的考量，启动对著作权损害赔偿请求权合法性的甄别程序必须满足一定条件，即质疑者至少应提交证明该作品侵犯他人权利的初步证据，而没有任何证据的主观臆断无论在何时显然都不符合要求。

### ▶ 5.5.2 肖像权概念的扩张

根据《民法典》第一千零一十八条第二款的定义，肖像是通过影像、雕塑、绘画等方式在一定载体上所反映的特定自然人可以被

---

1 也有观点认为，对于未经许可对他人作品进行改编的演绎作品，依然有权获得赔偿，因为使用该类作品本来就需要取得双重许可，演绎作品著作权人可以向使用人发放许可，自然有权获得许可费损失等的赔偿；而另外寻求原作品著作权人许可的义务在使用人，与演绎作品著作权人无关。

识别的外部形象。该条规定由以往的面部中心理论转向更为宽泛的可被识别性标准，保护范围明显得以扩张。此前在一起侵害摄影作品信息网络传播权纠纷中，被告提出上诉的理由之一是认为该案一审未查明涉案摄影作品是否获得肖像权人（被摄对象）授权，对此法院判决认为，涉案作品拍摄对象为一年轻女性侧面及背部，不易识别具体人物面部形象，故对该上诉理由不予采纳。

### ▶ 5.5.3 肖像权对行使著作权的控制

《民法典》第一千零一十九条第二款规定："未经肖像权人同意，肖像作品权利人不得以发表、复制、发行、出租、展览等方式使用或者公开肖像权人的肖像。"明确体现了肖像权对摄影等作品著作权行使的控制，且"等"字涵盖了一切作品利用方式，包括此条未列举的放映和信息网络传播。同时需要注意，该条第一款和第二款以消极权能方式对侵犯肖像权行为进行规制，其均无《最高人民法院关于贯彻执行〈中华人民共和国民法通则〉若干问题的意见（试行）》第一百三十九条"以营利为目的"的要求，即《民法典》废除了侵害肖像权的营利性要求。

此外，《民法典》第一千零二十一条和第一千零二十二条对肖像许可使用合同解释和许可使用期限进行了规定，值得关注的是肖像使用条款应作有利于肖像权人的解释；同时即使对肖像许可使用期限有明确约定，肖像权人有正当理由仍可解除许可使用合同，但应在合理期限之前通知对方。《著作权法》第二十九条则规定："许可使用合同和转让合同中著作权人未明确许可、转让的权利，未经著作权人同意，另一方当事人不得行使。"似亦相当于对此作了有利著作权人的解释。

### ▶ 5.5.4 肖像权的合理使用

《民法典》第一千零二十条对肖像权合理使用的规定在很大程度上借鉴了《著作权法》第二十四条关于作品合理使用的规定，其中个人学习、艺术欣赏、课堂教学、科学研究、新闻报道和国家机关依法履行职责的事由均与《著作权法》规定基本相同。需要提出，《民法典》肯定了新闻报道中不可避免地制作、使用、公开肖像的行为，在符合这一条件时是否当然认为符合摄影作品合理使用的条件？且《著作权法》的该项规定限制为"引用已经发表的作品"，《民法典》的规定则包含未公开的肖像。

而《民法典》第一千零二十条中新增的第四项，即"为展示特定公共环境，不可避免地制作、使用、公开肖像权人的肖像"，一般是指为记录和展示公共场所等公共环境，不可避免地将自然人肖像一并摄入照片、录像等画面中，如对农贸市场、图书馆、广场，尤其是著名景点的拍摄，都很可能拍下身处其中的大量自然人，而要求摄影作品著作权人在使用作品前逐一去取得这些自然人的许可，显然是不现实的。这一肖像使用方式也有些类似《著作权法》中的"附带使用"，例如，影视剧中拍摄演员在餐厅用餐的场景，其中便很可能包含餐厅墙上的装饰画、摆放的雕塑、播放的音乐，甚至服装上的卡通图案和具有艺术性的餐椅，这些或许都是他人的作品，但如果这些作品在画面中的呈现只是不经意的、一晃而过的，或者说次要的、并不构成内容或画面主要部分的，则会被认为是对这些作品的"附带使用"，并不构成侵权。

### ▶ 5.5.5 对自然人声音的保护

《民法典》第一千零二十三条第二款规定："对自然人声音的

保护，参照适用肖像权保护的有关规定。"与此相关的，《著作权法》以表演者权保护自然人通过声音对作品进行的表演，如朗诵、演唱等，但要求被表演的对象必须是作品。而《民法典》则侧重于对具有识别力的自然人声音进行保护，而声音所表现的内容则不一定是作品。可以想象，极有特色、为公众所熟知的明星或卡通人物配音，本身即具有相当的知名度和吸引力，作为广告语、导航语音、人工智能交互语音、彩铃等使用时，很容易体现其所蕴含的经济价值。

笔者的话

随着人工智能技术的飞速发展，目前频频出现"AI换脸"现象，即运用人工智能工具未经授权使用或者模仿他人的声音或形象，这可能引发侵犯肖像权、名誉权、知识产权等的一系列风险。这一风险对人工智能服务提供者而言同样存在。

## 5.6
# 涉外著作权侵权纠纷之准据法浅析

随着人民精神生活需要的日益增长与国际文化的频繁交流，外国著作权人作为原告在我国提起著作权侵权诉讼、进行维权已屡见不鲜。例如，以"案由：著作权权属、侵权纠纷，法院名称：中华人民共和国"为检索条件，在中国裁判文书网可检出基层人民法院文书78篇、中级人民法院文书86篇。[1] 在实践中，无论是直接适用我国《著作权法》，还是援引《伯尔尼公约》的相关规定，似乎都认

---

1 最后检索日期：2024年6月14日。

为这类案件的准据法是不言自明的。但仔细分析会发现，在涉外著作权侵权纠纷中，指引案件准据法的冲突规范法却极少被援引——如在前述检索条件中增加一项"法律依据：《中华人民共和国涉外民事关系法律适用法》"，检出结果为零。这一不正常的"留白"现象应足以引起我们重视，其反映出对涉外著作权侵权纠纷的准据法选择和确定问题目前仍缺乏相应的研究，理应加以廓清和明确。

具体地，我们可首先分析涉外著作权侵权案件的常见类型，以便对相应情形的准据法逐一进行讨论。根据《最高人民法院关于适用〈中华人民共和国涉外民事关系法律适用法〉若干问题的解释（一）》（以下简称《涉外法律适用司法解释》）第一条的规定，"涉外民事关系"包括当事人一方或双方是外国公民、外国法人或者其他组织、无国籍人，产生、变更或者消灭民事关系的法律事实发生在中华人民共和国领域外等情形。则在涉外著作权侵权诉讼中，常见的案件类型可以据此归纳为以下三类：一是外国著作权人在我国提起侵权诉讼；二是我国公民的作品在外国被侵权，其对同在国内的侵权人提起诉讼；三是我国公民在外国创作完成及发表作品后，对国内主体提起侵权诉讼。

### ▶ 5.6.1 外国著作权人在中国提起诉讼

对此类案件准据法的确定，又存在三种可能的路径，以下逐一进行检讨。

#### 5.6.1.1 仅适用《涉外民事关系法律适用法》

根据《涉外民事关系法律适用法》第五十条的规定，涉外知识产权侵权纠纷应适用被请求保护地法律，当事人也可以在侵权行为发生后协议选择适用法院地法律。显然，此处的"被请求保护地"
不能被解释为被请求提供保护的法院所在地，而应另作他解——根
据法条释义，"被请求保护地"与同法第四十八条中的同一词语具
有相同含义，即指被请求保护的权利地。也可以认为，是指请求人
寻求获得保护所依据的实体法所属的国家，或者说产生该权利的国
家。具体地，有学者认为："对于自动产生的权利例如版权和邻接
权而言，被请求保护地法律是指该被请求保护的权利地法律；对于
非自动产生的权利例如专利权、商标权、植物新品种、集成电路布
图设计等而言，则是指该权利的注册地或者登记地法律。"[1]

如果认为外国作品著作权侵权纠纷应根据《涉外民事关系法
律适用法》第五十条的规定，适用被请求保护地法律，则不仅会
大量催生查明域外法律的需求，明显加大案件审理难度，也会和国
际公约相冲突，即违反《伯尔尼公约》关于国民待遇原则和独立保
护原则的相关规定。《伯尔尼公约》第五条第一款和第二款规定：
"就享有本公约保护的作品而论，作者在作品起源国以外的本同盟
成员国中享有各该国法律现在给予和今后可能给予其国民的权利，
以及本公约特别授予的权利。享有和行使这些权利不需要履行任何
手续，也不论作品起源国是否存在保护。因此，除本公约条款外，
保护的程度以及为保护作者权利而向其提供的补救方法完全由被要
求给以保护的国家的法律规定。"据此，对受该公约保护的作品，
在遵循国民待遇原则和该公约最低保护标准的前提下，应直接适用
被请求保护国的国内法（被要求给以保护的国家的法律规定）予以
保护。

此外，我国《民法通则》第一百四十二条第二款规定："中华

---

1 吴文灵、朱理，"涉外知识产权关系的法律适用——以涉外民事关系法律适用
法第七章为中心"，载《人民司法·应用》，2012年第9期，第58页。

人民共和国缔结或者参加的国际条约同中华人民共和国的民事法律有不同规定的，适用国际条约的规定，但中华人民共和国声明保留的条款除外。"但该条规定在《民法典》中被删除，可能的原因是《民法典》仅汇集民事实体法，而不包含冲突规范法。而据介绍，在涉外民事关系法律适用法制定过程中，各界亦曾建议法工委对国际条约、国际惯例的适用作出规定，但由于立法技术问题，特别是国际条约适用的复杂性，法工委没有在涉外民事关系法律适用法中对国际条约、国际惯例的适用作出规定。

### 5.6.1.2 适用《伯尔尼公约》+《著作权法》

这一路径是在援引《伯尔尼公约》前述规定后便直接适用我国《著作权法》的规定，在实践中使用较多。但采用这一路径会引发如下一些质疑：一是在涉外案件中不适用冲突规范法，不但缺乏合理解释，更直接违反法律规定；二是《涉外法律适用司法解释》第四条规定："涉外民事关系的法律适用涉及适用国际条约的，人民法院应当根据……予以适用，但知识产权领域的国际条约已经转化或者需要转化为国内法律的除外。"这一规定似乎表明了知识产权领域的国际条约需要转化为国内法律，不可径行援用；三是直接适用国际公约会使人认为要么公约规定并未转化为国内法（实则不然），要么国内法提供的保护水平并未达到，或者说实际低于国际公约要求，即未完全履行公约义务。

### 5.6.1.3 适用《涉外民事关系法律适用法》+《著作权法》

我国《著作权法》第二条第二款规定："外国人、无国籍人的作品根据其作者所属国或者经常居住地国同中国签订的协议或者共同参加的国际条约享有的著作权，受本法保护。"这一规定首先说明了适用的对象，即"外国人、无国籍人的作品"；其次规定了提供保护的前提，即该作品根据《伯尔尼公约》等的规定[1] 享有著作权；最后规定了提供保护所应适用的法律，"受本法保护"即指应适用《著作权法》对其进行保护。而《涉外民事关系法律适用法》第二条第一款后段规定："其他法律对涉外民事关系法律适用另有特别规定的，依照其规定。"《著作权法》的该条规定完全可以认为是对涉外民事关系法律适用另有特别规定，这一规定也完全符合我国加入的《伯尔尼公约》的相应要求。此外，《涉外法律适用司法解释》第三条第一款规定："涉外民事关系法律适用法与其他法律对同一涉外民事关系法律适用规定不一致的，适用涉外民事关系法律适用法的规定，但……知识产权领域法律的特别规定除外。"如此可进一步加强该解释路径的正当性。笔者亦赞同该种解释方案。

与之相关的，关于受保护的作品，即前引《著作权法》中所称根据国际条约享有著作权的作品，《伯尔尼公约》第三条第一款和第二款规定："作者为本同盟任何成员国的国民者，其作品无论是否已经出版，都受到保护；作者为非本同盟任何成员国的国民者，其作品首次在本同盟一个成员国出版，或在一个非本同盟成员国和一个同盟成员国同时出版的都受到保护；非本同盟任何成员国的国民但其惯常住所在一个成员国国内的作者，为实施本公约享有该成员国国民的待遇。"据此，该外国作品需要符合前述规定方可受到同盟成员国的保护。当然，目前世界上大多数国家均为《伯尔尼公约》成员国，也使该公约可以普遍适用。

基于此，在加入对案件定性的相关法律条文后，外国作品著作权侵权纠纷的准据法确定路径可以概括为：《涉外民事关系法律适用法》第八条（定性）→《涉外法律适用司法解释》第一条（涉外

---

1 主要为《伯尔尼公约》第二条、第三条、第四条等的规定。

民事关系识别）→《涉外民事关系法律适用法》第二条第一款（适用其他法律特别规定）→《著作权法》第二条第二款（外国人作品保护的前提与应适用的法律）→《著作权法》实体法。

## ▸ 5.6.2 我国作者的涉外侵权诉讼

我国作者的作品在外国被侵权，其对同在国内的侵权主体提起诉讼，对此类案件准据法的确定涉及《伯尔尼公约》关于作品起源国的规定。《伯尔尼公约》第五条第四款规定："起源国指的是：（a）对于首次在本同盟某一成员国出版的作品，以该国家为起源国；对于在分别给予不同保护期的几个本同盟成员国同时出版的作品，以立法给予最短保护期的国家为起源国；（b）对于同时在非本同盟成员国和本同盟成员国出版的作品，以后者为起源国；（c）对于未出版的作品或首次在非本同盟成员国出版而未同时在本同盟成员国出版的作品，以作者为其国民的本同盟成员国为起源国……"据此，如我国公民的作品未出版、首次在我国出版或者首次在非同盟成员国出版的，该作品起源国均为中国。

此时根据《伯尔尼公约》第五条第三款的规定，作者在作品"起源国的保护由该国法律规定"，故对来源于我国的作品，在国内寻求保护时自应根据我国《著作权法》的相关规定。回归冲突规范法视角，则根据前引《涉外民事关系法律适用法》第五十条的规定，涉外知识产权侵权纠纷应适用被请求保护地法律，而该类作品著作权的"被请求保护地"也是我国。这一理解一方面符合《著作权法》第二条第一款"中国公民、法人或者非法人组织的作品，不论是否发表，依照本法享有著作权"的规定，著作权的自动保护原则使我国公民、法人或者非法人组织自作品创作完成时便自动根据我国《著作权法》的规定取得了著作权；另一方面切合《伯尔尼公约》对同盟成员国国民使国籍成为唯一保护标准的规定，即《伯尔尼公约》第三条第一款中"作者为本同盟任何成员国的国民者，其作品无论是否已经出版，都受到保护"的规定。著作权法释义亦认为："凡是具有中国国籍的公民和在中华人民共和国境内依法成立的法人或者其他组织，只要创作了作品，不论其作品是否发表，从作品完成之日起，就可以依照著作权法享有著作权，也就是说，按照本法规定的标准保护该作品的著作权。"[1] 故在此类情形下，案件准据法确定路径可以概括为：《涉外民事关系法律适用法》第八条（定性）→《涉外法律适用司法解释》第一条（涉外民事关系识别）→《涉外民事关系法律适用法》第二条第一款（适用本法确定准据法）→《涉外民事关系法律适用法》第五十条（被请求保护地法）→《著作权法》第二条第一款（我国为被请求保护地）→《著作权法》实体法。

对于我国公民的作品在其他成员国首次出版，并在成员国国内被侵犯著作权的，根据前引《伯尔尼公约》第五条第四款规定，作品起源国为该成员国，但根据该公约关于"独立保护原则"的规定，在我国提起诉讼时亦应适用中国《著作权法》。对此似可认为，根据《伯尔尼公约》第五条第二款的规定，作者在作品起源国之外的同盟成员国享有和行使权利"不论作品起源国是否存在保护"，因此该作品是否可以取得著作权并受保护不是由其起源国法律决定的，而是在要求给予保护时由被要求国家的法律所确定，故可认为被要求给予保护的国家就是该作品著作权的"被请求保护地"。但与之相较，笔者更倾向于另一种方案，即认为引发该著作权侵权民事法律关系的侵权事实并未发生在中华人民共和国领

---

[1] 中华人民共和国著作权法释义，网址：http://www.npc.gov.cn/c12434/c1793/c1853/c2200/201905/t20190524_5928.html，最后访问日期：2024年6月13日。

域外，故该类案件并不属于涉外案件，可径行适用我国《著作权法》。

此外，根据我国《涉外民事关系法律适用法》第五十条的规定，当事人也可以在侵权行为发生后协议选择适用法院地法律。而《涉外法律适用司法解释》第八条第二款规定："各方当事人援引相同国家的法律且未提出法律适用异议的，人民法院可以认定当事人已经就涉外民事关系适用的法律做出了选择。"故在各方当事人均予以援用的情况下，也可以直接适用我国《著作权法》的规定。

综上，通过本文的分析可见，在国际条约、国内冲突规范法和实体法中冲突规范特别条款的共同作用下，涉外著作权侵权纠纷准据法的确定变得相当复杂和困难，而无论基于理论还是实践的角度，对这一问题均有继续深入研究的必要。同时笔者亦建议，在就相关问题能够达成共识时，应直接转化为成文法规定，以减轻确定准据法时的复杂理论与烦琐步骤给适用者造成的巨大负担，在展现高妙简洁之美的同时，也进一步提高了法律适用的精确性。

# 5.7
# "刀靶大捷雕塑"著作权侵权纠纷案评述

▸ ## 5.7.1 基本案情

2017年5月，贵州省遵义市播州区三合镇人民政府（以下简称三合镇政府）作为发包人与贵州慧隆建设工程有限责任公司（以下简称慧隆建工公司）签订了建设工程施工合同，就三合镇烈士陵园一期工程施工有关事项达成协议。2017年12月，本案原告河北山人雕塑有限公司（以下简称山人雕塑公司）与遵义众和诚农业开发有限公司（以下简称众和诚公司）洽谈，有意合作三合镇烈士陵园的"刀靶大捷"浮雕工程。同月，众和诚公司通过电子邮件告知山人雕塑公司设计主题等。2018年1月初，山人雕塑公司完成设计图后，与众和诚公司、三合镇政府就浮雕项目的设计及费用等进行商谈。2018年3月5日，慧隆建工公司遵义分公司与河北中鼎园林雕塑有限公司（以下简称中鼎雕塑公司）签订《雕塑设计制作安装合同书》，就三合镇烈士陵园主墓区的雕塑设计制作安装工程在工程内容、工艺要求、合同工期、合同价款等方面进行了约定。2018年5月，山人雕塑公司发现三合镇刀靶烈士陵园中的浮雕侵害其著作权，遂诉至法院，请求判令三合镇政府、众和诚公司、慧隆建工公司及其遵义分公司、中鼎雕塑公司立即拆除位于三合镇烈士陵园的侵权"刀靶大捷"浮雕，在《遵义日报》及众和诚公司网站主页刊登道歉信，赔偿70000元及承担本案诉讼费。

## ▶ 5.7.2 一审裁判

一审法院贵州省遵义市中级人民法院认为，"刀靶大捷"浮雕是山人雕塑公司在与三合镇政府、众和诚农开公司在项目洽谈过程中，按照洽谈内容进行创作的美术作品，受著作权法保护，山人雕塑公司享有相应著作权。经与中鼎雕塑公司被诉侵权雕塑比对，两者构成实质性相似。被诉侵权雕塑是由中鼎雕塑公司负责设计并施工，其应承担相应的侵权责任；三合镇政府是工程项目的发包方，并未负责对侵权雕塑进行设计，众和诚公司、慧隆建工公司及其遵义分公司亦不是被诉侵权雕塑的设计者和施工单位，故均不承担侵权责任。被诉侵权雕塑安置在三合镇刀靶烈士陵园，与整个陵园形成一体，且目的是用于社会公益事业，若将其拆除必将造成社会资源的较大浪费，故将中鼎雕塑公司应承担的停止侵权，即拆除雕塑的责任变更为支付合理使用费。关于使用费的数额，考虑涉案作品的性质、作品的使用方式及使用时间，酌情确定为100000元。同时三合镇政府明确表示不愿拆除侵权雕塑，希望继续使用供展览参观，进行红色革命教育，故三合镇政府应与中鼎雕塑公司共同承担该作品使用费。中鼎雕塑公司未经山人雕塑公司许可对涉案权利作品进行了修改，侵犯了山人雕塑公司的修改权，上述权利属著作人身权，故中鼎雕塑公司应承担消除影响、赔礼道歉的民事责任。因被诉侵权雕塑设置于播州区三合镇，故对山人雕塑公司要求在当地报刊《遵义日报》上消除影响、赔礼道歉的诉讼请求予以支持。关于山人雕塑公司主张赔偿其他费用70000元的诉讼请求，因山人雕塑公司没有提供证据证明其实际损失，一审法院考虑中鼎雕塑公司侵权行为的性质、情节、主观过错和前述已确定支付的作品使用费及山人雕塑公司为制止侵权所支付的合理费用，确定三合镇政府、中鼎雕塑公司向山人雕塑公司支付合理支出费用20000元。

### ▶ 5.7.3 二审裁判

　　一审宣判后，山人雕塑公司、中鼎雕塑公司均不服一审判决，提起上诉。山人雕塑公司认为，虽然被诉侵权雕塑安置在三合镇烈士陵园是用于社会公益事业，但这不能成为侵犯他人著作权的合法理由，判决三合镇政府、中鼎雕塑公司共同支付作品使用费100000元于法无据，故应撤销原审判决，改判支持其全部诉讼请求。中鼎雕塑公司则认为，山人雕塑公司创作的涉案作品著作权不能由其独享，三合镇政府和慧隆建工遵义分公司为共同合作作者；中鼎雕塑公司只是按二者提供的方案图纸进行施工，主观没有侵权故意；被诉侵权雕塑并未实际竣工且未经评估鉴定，一审法院判决支付作品使用费100000元缺乏依据，故应撤销原审判决，改判中鼎雕塑公司不承担侵权责任。其他被告未上诉和答辩。

二审法院贵州省高级人民法院另查明，涉案作品的传递路径为：山人雕塑公司将设计图提供给众和诚公司，众和诚公司提供给三合镇政府和慧隆建工遵义分公司，慧隆建工遵义分公司提供给中鼎雕塑公司。该作品经中鼎雕塑公司稍作修改并经三合镇政府最终确认后，由中鼎雕塑公司负责制作和安装。二审法院认为，涉案作品是山人雕塑公司通过电脑制图软件创作的电脑效果图，其中"刀靶大捷"浮雕图案，以点、线、面和各种几何图形展示了结构布局，并以红色革命历史为基础，通过对人物独特的五官、身体比例、色彩及线条，赋予各形象生动的形态和丰富的神情，体现了独创性，也体现了一定的艺术美感，具有艺术价值及可复制性，属于著作权法保护的美术作品。本案中三合镇政府主要是提出需求和修改意见，该行为是对雕塑设计的思想性要求，属于思想范畴，本身并不能直接产生美术作品；而山人雕塑公司的设计系通过自己的智力劳动，将三合镇政府的思想范畴的设计要求通过绘画方式进行了具体的表达，该表达体现了山人雕塑公司对三合镇政府设计要求的个性化理解及结果，即由山人雕塑公司进行了独创性的表达，其行为属于独立创作，故难以认定三合镇政府和慧隆建工遵义分公司是涉案作品的合作作者。经比对，涉案作品与被诉侵权雕塑构成实质性相似。中鼎雕塑公司并未提交证据证明被诉侵权雕塑由其创作，也认可接触了涉案作品，故能够认定被诉侵权雕塑剽窃了涉案作品。虽中鼎雕塑公司抗辩称其没有主观侵权故意，但其作为专业雕塑制作人未尽合理的注意义务，明知慧隆建工遵义分公司对涉案权利作品不享有著作权，在没有经著作权人许可的情况下，对涉案作品进行小部分修改后，实施了将涉案权利作品从平面到立体的复制行为，并将侵权雕塑安装在三合镇刀靶烈士陵园，该行为侵犯了著作权人的修改权、复制权、展览权。三合镇政府、众和诚公司、慧隆建工公司及其遵义分公司都曾接触过涉案作品，其主观上明知或应知作品来源且事先与直接侵权人具有共同意思联络，客观上实施的未经权利人许可擅自提供作品的帮助行为，与损害后果间亦具有法律上的因果关系，侵害了山人雕塑公司对涉案作品享有的著作权，故其行为已经构成共同侵权行为，依法应当承担连带责任。被诉侵权雕塑安置在三合镇刀靶烈士陵园，用于红色革命教育，拆除将造成社会资源的较大浪费，故对要求拆除被诉侵权雕塑的诉讼请求不予支持。

### ▶ 5.7.4 案件评析

本案涉及作品保护范围的确定、多主体侵权的责任认定、红色经典作品的利用与保护等多个问题，具体分析，可能包括如下几个方面：

一是涉案作品性质及保护范围。根据《著作权法实施条例》的规定，美术作品是指绘画、书法、雕塑等以线条、色彩或者其他方式构成的有审美意义的平面或者立体的造型艺术作品；而图形作品则是指为施工、生产绘制的工程设计图、产品设计图，以及反映地理现象、说明事物原理或者结构的地图、示意图等作品。本案中，涉案作品为"刀靶大捷"浮雕设计图及效果图，系通过平面方式呈现对烈士陵园浮雕内容的设计，而非标注尺寸、材质等可供施工的图纸，因此应属著作权法意义上的美术作品。

而在确定对作品的保护范围时，基于著作权法原理和立法目的，尚需排除属于公有领域，不具有独创性（如惯常表达、事实、原样复制），表达唯一或有限等内容。涉案作品具体由"刀靶大捷"简介、"刀靶大捷"战役浮雕和长征组歌乐谱片段三部分构成；其中，长征组歌乐谱片段系将长征组歌节选部分的曲名和五线谱雕刻于墙体上。对该部分进行分析，首先，五线谱是通用的对音乐作品的记载方式，属于以书面形式记录的音乐作品，而其记录载体无论是纸、金属还是墙体均不会改变作品性质，故该作品应认定为音乐作品，著作权属于音乐作品作者，而非将其以浮雕形式呈现的制作者（复制者）；其次，原告的该部分设计仅包含规范的曲谱名和五线谱，并未另外增添其他任何具有独创性的表达，因此也不存在基于改编而形成新作品的情况；最后，即使不讨论这一设计手法是否常见，而认为在浮雕中加入描述刀靶大捷的长征组歌片段属于原告的创意，这一创意也属于不受著作权法保护的思想范畴，而对材料的选择方面，长征组歌中涉及刀靶大捷的仅有一个片段，任何人基于给定创作主题，在选取乐曲片段时均会、也只能选取该片段。综上，在确定涉案作品保护范围时理应将其中的长征组歌乐谱片段部分予以排除。

二是涉案作品的权属。中鼎雕塑公司认为，涉案作品著作权不能由山人雕塑公司独享，三合镇政府和慧隆建工公司为合作作者。本案中，三合镇政府作为烈士陵园浮雕工程的发包方，慧隆建工公司作为项目的参与者，必然会对浮雕设计的主题等提出具体要求，对设计方案提出修改意见，并对是否采纳方案享有最终决定权，但这些都不意味着其为作品创作增添了某种具体的独创性表达，赋予了作品独特的个性。正如《著作权法》及其实施条例所规定的，没有参加创作的人，不能成为合作作者；而为他人创作进行组织工作，提供咨询意见、物质条件，或者进行其他辅助工作，均不视为创作。

三是侵权人的主观过错。中鼎雕塑公司称，其只是按第三方提供的图纸进行施工，没有侵权的主观故意。《著作权法》第五十三条对免除侵权复制品制作者和发行者的赔偿责任设置了不同层次的抗辩事由：对发行者（销售者），要求证明复制品具有合法来源；而对于侵权复制品的源头，即其出版者、制作者，则提出了更高的要求，要求其能够证明制作有合法授权，即取得了权利人的明确许可。本案中，中鼎雕塑公司作为侵权复制品的制作者，显然无法提供证据证明其复制行为获得了著作权人授权。

此外最高人民法院在（2019）最高法知民终118号民事判决书中亦指出，销售者合法来源抗辩的成立，需要同时满足被诉侵权产品具有合法来源这一客观要件和销售者无主观过错这一主观要件，两个要件相互联系。笔者进一步认为，主观要件具体包含"不知情"和"无过失"两个方面——"不知情"指销售者在事实上确实不知道所售商品是侵权商品，即排除了其"明知""故意"的情形；而"无过失"则是从客观方面具体考量销售者是否尽到了应尽的注意义务，具体可从主体、客体和其他方面进行考量。因为从某种意义上来讲，合法来源抗辩是为保护善意第三人和交易安全，为无过错的侵权人提供救济途径。"举轻以明重"，对侵权复制品的制作者更应当进行主观方面的考量，尤其是可能存在有其他证据证明其明知侵权仍故意而为的情况。本案中，中鼎雕塑公司作为侵权复制品的制作者，并没有对其所复制作品的来源进行任何审查，未尽到法律要求的注意义务，对他人权利的漠视和对侵权行为的放任体现出其主观上的严重疏失。

四是共同侵权的认定。本案中，三合镇政府、众和诚公司和慧隆建工公司均明知涉案作品来源及权属，其虽未参与被诉侵权雕塑的制作，但或是直接指示中鼎雕塑公司复制涉案作品，或是提供、传递该作品图纸的行为，为复制行为提供极大便利。《侵权责任法》第九条前段规定："教唆、帮助他人实施侵权行为的，应当与行为人承担连带责任。"前述主体分别对直接侵权者进行教唆或帮助，与其构成共同侵权，依法应承担连带责任。此外在传统民法中，评判教唆、帮助者的责任时，对其动机或目的均是在所不问的，亦即被诉侵权雕塑所涉的公共利益、社会福祉、革命教育、非营利性等因素均不能作为不侵权的抗辩事由。

五是侵权责任的承担方式。本案中，中鼎雕塑公司对涉案作品进行了少量修改，侵犯了涉案作品著作权中的修改权；其在完成的浮雕上并未以任何方式为作者署名，侵犯了作者的署名权；山人雕塑公司仅将涉案作品设计图提供给众和诚公司和三合镇政府，并未向不特定的社会公众公开，故中鼎雕塑公司还侵犯了涉案作品的发表权。而这三项权利均属著作人身权，故原告要求被告在侵权地媒体《遵义日报》及众和诚公司网站主页刊登道歉信的诉讼请求可以得到支持。

被诉侵权雕塑已在三合镇烈士陵园内修筑完毕，如因承担停止侵权的责任而判处拆除该大型浮雕墙，则一方面从经济角度出发，将会造成社会资源的极大浪费，不符合民法的绿色原则；另一方面从作品性质考虑，该作品系为纪念红军长征刀靶大捷而设计，修筑于刀靶水所在地三合镇的烈士陵园内，有着突出的革命传统教育和爱国主义教育功能，弘扬了社会主义核心价值观，已然关涉公共利益。最高人民法院亦在相关通知中指出，要依法妥善审理好使用红色经典作品报酬纠纷和英雄烈士合法权益纠纷案件，在侵权认定、报酬计算和判令停止行为时，应当秉承尊重历史、尊重法律、尊重权利的原则，坚持红色经典和英雄烈士合法权益司法保护的利益平衡。基于此，一审、二审法院均以要求被告在赔偿金外另行支付合理许可使用费的方式代替对被诉侵权复制品进行拆除，二审判决更提高了侵权赔偿金和使用费，对本案所涉各类利益审慎进行平衡。此外，这一责任承担方式意味着涉案作品的复制件将在烈士陵园永久展览，故理应征求著作权人的意见，如需要可通过铭牌、导览手册等适当方式，充分尊重作者的署名权。

笔者的话

本案更为具体的案情和法院观点可参见贵州省高级人民法院（2019）黔民终449号民事判决书。本案系经最高人民法院选定发布的2019年中国法院10大知识产权案件，入选的典型意义在于，近年来，人民法院积极将社会主义核心价值观纳入知识产权司法全过程，将社会主义核心价值观贯穿法律解释和法律适用全过程。其中，妥善审理涉及红色经典作品的著作权案件，是传播知识产权司法保护正能量的重要环节。本案是一起涉及红色经典作品的著作权纠纷，二审判决秉承尊重法律、尊重权利、尊重经典的原则，在判决不停止侵权的同时，通过提高侵权赔偿金和使用费的方式对权利人进行救济，既充分考虑了对权利的有效保护，又有力兼顾了经典传承，使裁判结果符合法律，又契合社情民意，实现了法律效果、政治效果和社会效果的有机统一。

# 6

# 著作权的
# 侵权责任承担

## *6.1*
## 知识产权侵权纠纷请求权基础之不足

请求权基础，即产生请求权的法律基础，亦可表述为可供支持一方当事人向他方当事人提出特定主张的法律规范。作为请求权基础的完全性法条，必须由"构成要件"和"法律效果"两部分完整组成。请求权基础既有助于划定行为边界，又有助于权利人维护合法权益。明确、完备的请求权基础体系也是法治程度的一大体现。但当我们认真审视现行知识产权法律体系时就会发现，其中关于请求权基础的规定并不完备，在适用时难免会引发困惑。以下以知识产权侵权纠纷相关法律规定为例进行说明。

### ▶ 6.1.1 正常的请求权基础

所谓"正常"即完全性法条，是在一条法律规定中同时包含了"行为"和"后果"，可以根据侵权行为具体情况直接"对号入座"，认定侵权人应承担的具体法律责任。例如，《著作权法》第五十二条规定："有下列侵权行为的，应当根据情况，承担停止侵害、消除影响、赔礼道歉、赔偿损失等民事责任……"该条列举了十一项具体类型的侵权行为。

## ▶ 6.1.2 被填补的请求权基础

在一些法律中，要求侵权人承担责任则缺少明确的请求权基础，实施条例中也没有规定，但配套司法解释及时进行了填补。

如《商标法》第五十七条规定："有下列行为之一的，均属侵犯注册商标专用权……"，其中对侵犯商标权的行为进行了详细列举，即规定了"行为"，但未规定这些行为的法律后果。而《商标法》第六十三条也只规定了确定侵犯商标专用权赔偿数额的方法，同时规定了人民法院可应权利人请求判决销毁假冒商品及其制造材料、工具，因此也只能算作销毁侵权产品这一特定请求的请求权基础。

对此，《最高人民法院关于审理商标民事纠纷案件适用法律若干问题的解释》第二十一条第一款规定："人民法院在审理侵犯注册商标专用权纠纷案件中，依据民法典第一百七十九条、商标法第六十条的规定和案件具体情况，可以判决侵权人承担停止侵害、排除妨碍、消除危险、赔偿损失、消除影响等民事责任，还可以作出罚款，收缴侵权商品、伪造的商标标识和主要用于生产侵权商品的材料、工具、设备等财物的民事制裁决定。罚款数额可以参照商标法第六十条第二款的有关规定确定。"通过该条规定，为《商标法》规定的"行为"补上了"后果"要件，使之完满。

## ▶ 6.1.3 有歧义的请求权基础

现行《反不正当竞争法》中关于请求权基础的规定则存在理解上的障碍。以仿冒行为为例，在《反不正当竞争法》中寻找对应的请求权基础，仅可找到第十七条第一款"经营者违反本法规定，给他人造成损害的，应当依法承担民事责任"的规定。对该条规定中的"依法"二字可以有两种理解：一是理解为依据法律的具体规定，则该条缺少对行为后果的规定，仅为宣示性条款，十分类似的如《民法典》第一百七十六条规定"民事主体依照法律规定或者按照当事人约定，履行民事义务，承担民事责任"；二是理解为仅指依据《民法典》第一百七十九条对承担民事责任方式的规定确定侵权人的行为后果，则该条可以成为要求不正当竞争者停止侵权、赔偿损失等的一般条款。

对此可能提出的质疑是，一方面，立法机关工作人员编撰的释义中未见关于"一般条款"的明确理解与表述，而是将该款称为"原则规定"[1]；另一方面，一般条款通常不会有"依法"的表述，如《民法典》中侵权行为一般条款，即第一千一百六十五条第一款，该条款规定："行为人因过错侵害他人民事权益造成损害的，应当承担侵权责任。"但需要关注的是，《最高人民法院关于审理侵犯商业秘密民事案件适用法律若干问题的规定》第十六条规定："经营者以外的其他自然人、法人和非法人组织侵犯商业秘密，权利人依据反不正当竞争法第十七条的规定主张侵权人应当承担的民事责任的，人民法院应予支持。"该条规定直接表明了《反不正当竞争法》第十七条系承担侵犯商业秘密民事责任的请求权基础，亦可据此推导出该条同为全部不正当竞争民事责任的请求权基础，此即支持了上述第二种理解。

### ▶ 6.1.4 缺失的请求权基础

《专利法》中的请求权基础可以说处于缺失状态。对何种行为

---

1 王瑞贺，《中华人民共和国反不正当竞争法解读》，中国法制出版社2017年版，第75页。

构成侵犯专利权，《专利法》第六十五条规定："未经专利权人许可，实施其专利，即侵犯其专利权……"但并未规定行为后果，而相关司法解释也没有进行有效填补。关于停止侵权，《最高人民法院关于审理侵犯专利权纠纷案件应用法律若干问题的解释（二）》第二十六条规定："被告构成对专利权的侵犯，权利人请求判令其停止侵权行为的，人民法院应予支持……"但赔偿损失等其他责任承担方式则似乎难以查找到适当的请求权基础。

此外至少从"行为"要件的规定而言，承担知识产权侵权责任一般并不要求行为人具有主观过错（仅合法来源等抗辩成立时得免除赔偿责任），而根据《民法典》第一千一百六十六条的规定，无过错责任应由法律规定，这也给使用采过错责任原则的侵权行为一般条款填补漏洞造成了一定障碍。

### ▶ 6.1.5 理应被重视的请求权基础

必须承认，上述关于请求权基础的各类问题一定程度上反映出立法技术的不足，而司法解释也不能完全承担消解歧义、填补漏洞的重任。究其原因，或许是因为知识产权保护实践中对权利人请求权基础的重视程度不足。某些时候在实践中似乎存在"重侵权认定，轻责任推导"，或者说"重行为轻后果"的现象，我们往往将注意力集中在侵权认定上，而认为对损害进行赔偿天经地义、毋庸赘言，故而使请求权基础的开示成了可有可无之举。可以见到在一些司法判决中，或是对请求权基础"留白"，或是援引侵权行为一般条款，或是单独援引《民法典》对民事责任承担方式的列举，莫衷一是，似乎也无足轻重。

然而从法律逻辑上来说，请求权基础是推论行为人应当承担法律责任的三段论的大前提；从法学方法上而言，请求权基础分析方法亦具有相当重要的地位；从社会公众视角出发，请求权基础更是论证被告为何应承担责任以及应承担何种责任最有力、最直接的依据。甚至可以说，请求权基础的开示是践行公平正义不可或缺的环节，是法治的充分体现。因此，无论在立法上还是司法上，无论在理论上还是实践中，对知识产权纠纷中请求权基础的构造与运用都亟待深入研究、完善。作为确定行为人法律责任的唯一根据，请求权基础也需要我们更坚定、有力地落笔。

**笔者的话**　　令人欣喜的是，并非仅有笔者关注和呼吁重视知识产权请求权基础问题。对这一问题的详细展开，可进一步参阅孙山老师《知识产权请求权原论》一书（法律出版社2021年11月版）。

# 6.2

# 知识产权纠纷中销售者赔偿责任的免除

　　我国《著作权法》、《商标法》和《专利法》均规定有销售者免赔条款，即在满足法定条件时可以免除侵权商品销售者对权利人的民事赔偿责任。这一规定充分体现了立法者保护善意第三人和保护交易安全、促进商品流通的价值取向，实值称赞。然因法律条文过于抽象，导致目前在我国司法实践中各地法院对相应法律规定的理解不一，对证明程度的要求不等，如同样是侵犯著作权纠纷，有法院认为销售者提供的"合法来源"基本上要等同于"合法授权"，有法院认为考察"合法来源"是对销售者侵权的主观状态进行考察，还有法院认为"合法来源"就是指"合法取得"。[1] "陟罚臧否，不宜异同"，不同法院对同一法条的理解存在较大差异，导致同类案件的裁判结果大相径庭，既损害了司法权威与司法公信力，又影响了知识产权司法保护主导作用的发挥。而要解决这一问题，就必须统一法官对法律条文的理解，关键是须对法条中的法定考察要件作出令人信服的阐释。

## ▶ 6.2.1 法条定位与要件提炼

分析问题首先需要从问题的源头入手，对造成理解、适用出现较大差异的具体法条进行定位，加以分析。本文所涉的三部法律中均有一个法条来规定免除侵权商品销售者赔偿责任的情形。

《商标法》第六十四条第二款规定："销售不知道是侵犯注册商标专用权的商品，能证明该商品是自己合法取得并说明提供者的，不承担赔偿责任。"其中值得我们充分关注的法定考察要件为"不知道+合法取得+说明提供者"。

《专利法》第七十七条规定："为生产经营目的使用、许诺销售或者销售不知道是未经专利权人许可而制造并售出的专利侵权产品，能证明该产品合法来源的，不承担赔偿责任。"从中提炼出的法定考察要件则可表述为"生产经营目的+有限种类行为+不知道+合法来源"，为讨论方便，可进一步简化为"不知道+合法来源"。

《著作权法》第五十九条第一款后段规定："复制品的发行者或者视听作品、计算机软件、录音录像制品的复制品的出租者不能证明其发行、出租的复制品有合法来源的，应当承担法律责任。"

---

1 王芳，"浅析著作权侵权纠纷中销售者'合法来源'抗辩的适用问题——三个不同判决所引发的思考"，载《中国版权》，2013年第2期，第11-14页。

从中可见的法定考察要件仅为"合法来源"。

在对提炼出的法定考察要件进行阐释之前，还需要先回答如下问题：《商标法》规定的"合法取得+说明提供者"要件与《专利法》和《著作权法》规定的"合法来源"要件是否可以画等号？从文义解释的角度出发，笔者认为，"合法取得"指权利的流转和取得须符合法律规定，而在法律对权利取得没有形式上的特殊要求时（如要求必须订立书面合同），"合法取得"实际上就是在要求销售者取得商品必须具有合法的来源，销售者在证明这一点时也必然会披露商品提供者等取得商品的途径和方式，所以《商标法》"合法取得+说明提供者"的要件与《专利法》和《著作权法》"合法来源"要件要求销售者证明的事项基本相同，二者实际上是等同的。

最终，《商标法》和《专利法》中的法定考察要件均可归纳为"不知道+合法来源"，而《著作权法》中提炼出的法定考察要件则仅有"合法来源"一个。

## ▶ 6.2.2 我国司法实践中的经验要素

由上文可见，我们从法条中提炼出的法定考察要件都极为抽象，并没有对应的解释和统一的判断标准，非常缺乏可操作性。正因如此，各地法院对这类法律规定的理解和把握才存在千差万别。

广东省高级人民法院2009年3月发布的《关于审理侵犯音像著作权纠纷案件若干问题的指导意见》第10条称："认定音像制品是否具有合法来源，应当审查以下事实综合判断：（1）发行人、出租人的音像制品是否来源于有《音像制品出版许可证》并经工商行政管理部门登记的音像出版单位；（2）音像制品及其包装物上是否标明了出版单位的名称、地址、音像制品的版号、出版时间、责任编辑、著作权人、条形码以及进口批准文号等；（3）发行人、出租人与出版者之间是否签署商业合同、开具发票；（4）音像制品的销售价格是否不合理的低于同类制品的市场价格等等。"这些认定因素中包含了进货渠道、产品包装、合同发票、产品进价等。

江苏省高级人民法院2010年11月编制的《侵犯专利权纠纷案件审理指南》第5.10条称："为生产经营目的使用、许诺销售或者销售未经专利权人许可而制造并售出的专利侵权产品，能证明该产品合法来源的，只承担停止侵权责任，不承担赔偿责任。合法来源，应当是指符合合同法要件的来源，即使用、许诺销售或者销售人对于被控侵权产品存在符合《合同法》规定的合同关系，而不是指被控侵权产品是经过专利权人许可制造的。合法来源认定的基本要件包括：正当的合同关系、正当的进货渠道、合理对价等因素。"我们可以发现，江苏省高级人民法院对"合法来源"进行了界定，认为合法来源是指具有买卖合同关系而非权利许可使用关系，并做了示例式的规定，但似乎忽略了"不知道"这一要件。同样是江苏省高级人民法院编制的《侵犯商标权纠纷案件审理指南（2011年版）》，其第7.2条认为，销售商提出合法来源抗辩时需要证明：（1）其确实不知道自己销售的是侵犯他人注册商标专用权的商品；（2）商品是由正规、合法渠道取得，并指明商品的提供者。这两点分别对应了"不知道"与"合法来源"两个要件。

北京市高级人民法院2013年9月发布的《专利侵权判定指南》第133条称："为生产经营目的，使用、许诺销售或者销售不知道是未经专利权人许可而制造并售出的专利产品或者依照专利方法直接获得的产品的行为，属于侵犯专利权行为。使用者或者销售者能证明其产品合法来源的，不承担赔偿责任，但是应当承担停止侵害的法律责任。合法来源是指使用者或者销售者从合法的进货渠道，以合理的价格购买了被诉侵权产品，并提供相关票据。"根据该指南的规定，"合法来源"包含进货渠道、产品进价、票据等因素。该指南包含了"不知道+合法来源"两个要件，与上文提炼的要件相同，并对如何证明"合法来源"作出了较为明确的规定，但没有涉及对"不知道"这一要件的进一步解释。

湖南省长沙市中级人民法院知识产权庭也撰文称，确定经营者对侵权后果的主观过错，可以从交易价格、经营同类产品和被处罚的经历、同时经营侵权和非侵权产品、权利人进行过有一定规模的维权等方面考虑；关于合法来源的举证则应包括交易合法、证明来源和可供权利人查找的供货方存续信息等。[1]

此外，也有各地法院法官撰文阐述自己对法定要件的理解。如西安市中级人民法院姚建军法官认为，在侵犯商标权案件中，销售商承担侵权赔偿适用过错推定原则，销售商需要提供发票、付款凭证及其他证据证明商品是自己合法取得的，并说明商品提供者；[2]北京市东城区人民法院高翡法官认为，著作权法中的合法来源是指被控侵权产品的发行者、出租者通过合法的进货渠道、正当的买卖合同和合理的交易价格从他人处购买该产品，一般来说证明商品进货渠道合法、买卖合同合法、商品价格合理等即可认定系合法来源，此外还应审查证据证明力大小，以及是否存在真实的供货商、供货关系和真假商品混卖等；[3]深圳市中级人民法院祝建军法官认为，提出合法来源抗辩的主体主观上须为善意，即不知道产品未经专利权人许可而制造并售出，且能够举证证明专利侵权产品合法来源于其

1 湖南省长沙市中级人民法院知产庭，"经营者免除赔偿责任的适用"，载《人民司法·应用》，2011年第23期，第41-46页。

2 姚建军，"销售商合法来源抗辩的成立要件"，载《人民司法·案例》，2010年第20期，第42-45页。

3 高翡，"著作权法中的合法来源"，载《人民司法·案例》，2013年第8期，第45-48页。

他经营者；[1] 苏州市虎丘区人民法院万玉明法官认为，销售商至少应有正规的进货渠道或供应商，且所售商品不属于"三无产品"，此外销售者规模、商品知名度等因素也需考虑。[2]

可见，在我国目前的司法实践中，对于如何理解法律规定，审理知识产权案件经验较为丰富的法院和法官已归纳出一些独特的需要着重考察的要素，但依然过于零散，只是对审判经验的简单总结，且各行其道、并未统一，更无法形成完整、周延的判断体系。参考司法实践中的有益经验和做法，笔者尝试对提炼出的法定考察要件进行阐释，结合对各类零散判断要素的整合，建立起一套对免除侵权商品销售者赔偿责任的综合判断体系。

### ▶ 6.2.3 法定要件的具体阐释

#### 6.2.3.1 "合法来源"要件的理解

笔者认为，"合法来源"关键在"合法"二字，具体应从一般法和特别法两个层面出发进行理解。

一般法层面，"合法来源"即指通过正当的商业行为购买，包括具备合法的进货渠道，具备通常的买卖合同，支付了合理的对价，物权交易真实，且商品非法律上的禁止流通物。对此点证明的程度也应依销售主体规模、专业程度等的不同而要求不同。如笔者所在法院的法官在审理大量知识产权侵权纠纷时发现，现实生活中小商户少量进货一般都不会签订进货合同，所以根据市场既存的交易规则和交易惯例，此时的认定亦不宜过于严苛，笔者认为在此种情况下，销售商能

---

1　祝建军，"专利法中合法来源抗辩制度的司法运用"，载《电子知识产权》，2008年第6期，第54-56页。

2　万玉明，"对销售商是否具有'合法来源'的解读"，载《法制博览》，2013年第2期，第153页。

够提供载明涉案产品名称、型号等可以与商品对应的发票甚至小票，即提供符合交易习惯和交易特点的相关证据即可。

尤应注意的是，为配合2013年《商标法》的修改，《商标法实施条例》也一并做了修订，并于2014年5月1日与修正后的《商标法》一并生效。该条例通过新增加的第七十九条，首次以明文的方式对商标法中的"合法取得"进行了解释，该条规定："下列情形属于商标法第六十条规定的能证明该商品是自己合法取得的情形：（一）有供货单位合法签章的供货清单和货款收据且经查证属实或者供货单位认可的；（二）有供销双方签订的进货合同且经查证已真实履行的；（三）有合法进货发票且发票记载事项与涉案商品对应的；（四）其他能够证明合法取得涉案商品的情形。"该条例新增的这一规定也给我们判断物权交易真实性提供了重要参考。此外，《最高人民法院关于审理侵犯专利权纠纷案件应用法律若干问题的解释（二）》第二十五条第三款规定："本条第一款所称合法来源，是指通过合法的销售渠道、通常的买卖合同等正常商业方式取得产品。对于合法来源，使用者、许诺销售者或者销售者应当提供符合交易习惯的相关证据。"

特别法层面，对某些关涉人民生命健康等重大公共利益的特殊商品，销售者在进货时应尽何种注意义务法律进行了专门规定，此时衡量销售者的注意义务就应严格依法进行，而不能因销售者称其规模小、进货少等就有所放松。此类规定，如《药品管理法》《药品经营质量管理规范》《化妆品监督管理条例》《化妆品生产经营企业索证索票和台账管理规定》《音像制品管理条例》等。

### 6.2.3.2 "不知道"要件的理解

结合传统民法的相关理论，笔者认为，要件中的"不知道"至少应满足传统民法对当事人"善意"的要求，[1] 即当事人主观上不具有过错，具体包含"不知情"和"无过失"两个方面。因为从某种意义上来讲，三部法律在修订时增设合法来源条款的初衷是为保护善意第三人和交易安全，为无过错的侵权人提供救济途径。[2]

"不知情"指商品销售者在事实上确实不知道所售商品是侵权商品，即排除了其"明知""故意"的情形。按照全国人大法工委对2014年《商标法》第六十四条第二款的解释，销售者能证明该商品是自己合法取得的并说明提供者的（即本文所提炼的"合法来源"要件），才能认定销售者不具有主观上的故意。[3] 从中可以得出，判断销售者在主观方面的过错首先就应考虑商品是否具有合法来源，基于此也可认为"合法来源"要件是包含于"不知道"这一要件中的。此外，在知识产权纠纷中大多数销售者都会主张其并不知情，但法院依然要根据案件具体情形和销售者的举证情况对其真实性作出认定，尤其还要考虑销售者真假混卖、权利人发出过侵权警告等。

"无过失"则是从客观方面具体考量销售者是否尽到了应尽的注意义务，具体可从主体、客体和其他方面进行考量。主体方面，根据销售者的专业程度不同，对特定商品的注意义务也有所不同，如同样是销售某品牌的乒乓球，糖烟酒店和文体用品专营店其专业程度明显不同，对商品注意义务的程度自然也要求不同，这有些类似于传统民法中"一般人的注意义务"和"专家的注意义务"；此

---

1 如传统民法中对善意取得、善意第三人、善意相对方等"善意"的通常解释和要求。

2 李双利、魏大海，"合法来源条款立法文本新探"，载《中华商标》，2011年第5期，第42页。

3 《中华人民共和国商标法解读》编写组，《中华人民共和国商标法解读》，中国法制出版社2013年版，第137页。

外，销售者的经营规模也应适当考虑，经营规模大的或位于销售链条上游的销售商应负担的注意义务也相对较高。[1] 客体方面，则结合商品的各方面因素，如该商品的包装（是不是"三无产品"）、[2] 进价（是否明显偏低，对价值大的商品注意程度更高）、知名度（对知名度高的商品注意程度更高）等，对销售者应尽的注意义务进行综合判断。如江西省高级人民法院邹征优法官认为，"红双喜""DHS"注册商标在体育用品行业中的知名度较高，正宗"红双喜"产品的销售渠道、销售价格公开可查，吴某系专业从事文体用品经营的业主，以明显低于市场同类产品的进价购得商品后未履行一般的审查义务便进行销售，即使其提供的进货来源真实，由于不能证明其进货商是红双喜公司的供货商，其抗辩也不能成立。[3] 其他方面，则是指还应考虑销售者经营同类产品、权利人维权打假宣传和行政机关处罚情况等相关因素。

可供参考的是，《计算机软件保护条例》第三十条前段规定："软件的复制品持有人不知道也没有合理理由应当知道该软件是侵权复制品的，不承担赔偿责任；但是，应当停止使用、销毁该侵权复制品。"《最高人民法院关于做好涉及网吧著作权纠纷案件审判工作的通知》第四条也规定："网吧经营者能证明涉案影视作品是从有经营资质的影视作品提供者合法取得，根据取得时的具体情形不知道也没有合理理由应当知道涉案影视作品侵犯他人信息网络传播权等权利的，不承担赔偿损失的民事责任。"上述两个条文中均使用了"不知道也没有合理理由应当知道"的表述，与本文"不

---

1 徐杰，《知识产权审判实务技能》，人民法院出版社2013年版，第61–62页。

2 参见《产品质量法》第二十七条。

3 邹征优，"物权交易真实不等于商品来源合法——评红双喜股份有限公司诉吴铜军侵犯商标权纠纷案"，载《中国知识产权报》，2013年10月23日第九版。

知情"与"无过失"的论述相一致。《最高人民法院关于审理侵犯专利权纠纷案件应用法律若干问题的解释（二）》第二十五条第二款规定："本条第一款所称不知道，是指实际不知道且不应当知道。"亦与此含义相同。

此外还需说明，有学者认为在专利纠纷中，销售者进货时对产品零部件、电路等内部结构无从了解，对其专利状况亦无法察知，所以只要排除了销售商"明知"的主观状态，属于不可能知道和应当知道而实际并不知道这两种主观状态下的行为，均可以认定为"不知道"。[1] 此种观点笔者并不赞同，笔者认为在上述情况下还是应考察销售商的注意义务，如大企业间就高新技术产品进行大额交易和普通销售商出售日用产品给一般消费者，对这两者注意义务的要求还是要有所区别的；前文"无过失"的要求仍有适用余地，应个案分析，绝不能一概而论。如果将普通销售者置于上述情境中，完全可以认为这属于"不应知"而非"应当知道而实际并不知道"的情形，即不必苛求普通销售者对此具有注意义务，而不宜对"不知道"做违反学界通常认识的解释，破坏理论体系的协调。

## ▶ 6.2.4 体系化之整合

通过要件阐释与要素整合，最终可形成图4所示的判断体系：

图4中用粗体字着重强调了法条中"不知道"和"合法来源"两要件的关系，"不知道"旁加注"善意"则意在说明其与传统民法"善意"理论的关系，"无过失"后用冒号加"注意义务"的方式

---

1　尹新天，《中国专利法详解》，知识产权出版社2011年版，第840页；黄伟源，"试论专利诉讼中的合法来源抗辩"，载《法制与经济》，2012年第2期，第38页。

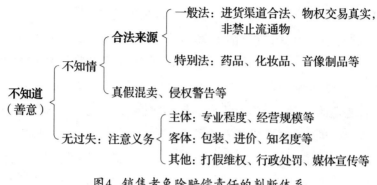

图4　销售者免除赔偿责任的判断体系

提示了需从客观方面考量销售者注意义务。为便于操作，尚在图4中归纳、列举了判断时可着重考察的要素。图4中全部内容前文均已详细阐释。这一体系既完全涵盖了法律规定中的考察要件，又很好地容纳了司法实践中有益的零散判断要素，更可贵的是兼顾了对传统民法"善意"理论的呼应和对知识产权特殊性的关照，具有理论上的周延性和实务中的可操作性。

特别需要讨论的是，《著作权法》并没有规定另外两部法律《专利法》和《商标法》中"不知道"这一要件，而是采用了"不能证明合法来源则应承担责任"的表述，[1] 这是不是说明《著作权法》对销售者的主观状态不作要求呢？从社会一般公众朴素的法感情出发，很难想象销售者在明知商品侵权而故意销售的情况下仍可以免除赔偿责任；而从逻辑学角度分析，基于"不能证明合法来源→承担责任"这一充分条件假言命题与其逆否命题等价的特性，我们可轻易推知，"证明合法来源"是"不承担责任"的必要条件而非充分条件，也就是说销售侵犯著作权商品的销售者即使证

---

1　《计算机软件保护条例》第二十八条对软件复制品发行者、出租者责任的规定采用了同样的表述。

明了商品具有合法来源也只是可能不承担责任，而并非一定就免除
责任了。此时结合我国司法实践中的惯常做法和广义的体系解释方
法，我们有理由认为，在著作权侵权纠纷中仍要审查销售者的注意
义务，这也与整个理论体系相一致。亦有观点认为，过错应成为著
作权侵权损害赔偿责任的构成要件，且过错程度应成为确定著作权
损害赔偿数额的参考因素，[1] 笔者殊为赞同。但还应注意，法律要求
注册商标和专利必须登记、公示，自可由公示推定明知，但对著作
权却并无强制登记的要求，故著作权的权利归属、授权状态等一般
难以查明，因此在考量销售商的注意义务时应有所区别，不宜过于
严苛。对"不能证明合法来源→承担责任"这一规定最有可能的解
释，也是目前被普遍接受的观点是，合法来源抗辩成立也仅能免除
赔偿责任，而仍须承担停止侵权的责任。

此外，还可从比较法角度为笔者的这一观点寻得支持。如《德
国关于著作权及有关的保护权的法律》第九十七条第二款规定，出
于"故意或者过失"的行为人对受害人负有损害赔偿义务。《印度
著作权法》第五十八条第二款规定，如果当事人可以证明其"不知
道且没有理由认为"其占用的复制品为侵权复制品，或其有正当
理由认为该复制品不侵权，则著作权人无权就此得到救济。《日本
著作权法》第一百一十三条之二规定，"不知道同时没有过失"的
人未经授权向公众转让作品原件或复制品的，视为不侵害转让权。
《南非版权法》第二十四条第二款规定，侵权发生时被告"不知晓
且没有合理理由怀疑"相关作品的版权有效，原告不得就此侵权向
被告要求损害赔偿。《韩国著作权法》第一百二十五条第二款前段
规定，著作财产权人有权向"故意或过失"侵害自己权利的人请求

---

1　周园，"论过错与著作权侵权损害赔偿关系的立法表达——以我国《著作权
法》第三次修改为中心"，载《知识产权》，2013年第5期，第58–63页。

损害赔偿。《英国版权、设计与专利法案》第九十七条第一款规定，在版权侵权诉讼中，若有证据证明被告在侵权发生时"不知也不应知道"其行为所涉及的作品享有版权，原告无权获得损害赔偿，但不妨碍其他救济措施。

在证明责任分配问题上，《商标法》、《专利法》和《著作权法》的表述相同，均为"能够（不能）证明合法来源的……"。也就是说，上文中"合法来源"的要件需要由销售者举证证明，对商品进货渠道、是否符合特别法规定等销售者也最具举证的便利；而对"不知道"这一要件的最终判断，除要求销售者证明合法来源外，还需要法官根据案情考量销售商是否尽到了应尽的注意义务，从主观、客观两方面进行判断。对证明责任的分配也与上文建立的体系相匹配，进一步验证了理论体系的周延性。

实际上，对法律规定的不同理解和阐释体现了在鼓励创新、维护权利人合法权益和保护善意第三人与交易安全、维护社会公共利益间的利益平衡。法律应有的开放性与多元化价值的司法衡平既是知识产权法的特色，也是其魅力所在，只有如此，才能以法律保护创新，才能使裁判者手中的天平能够承载得下飞速发展着的智力成果。但我们也应注意到，在现阶段知识产权案件的具体裁判中，上述销售者免除赔偿责任规定被援引和使用得愈发普遍，为了保持知识产权法律体系内部的协调，更为了维护司法公信力与司法权威，更好地实现知识产权司法保护的主导作用，对上述法条的理解尚有必要进行适度统一。

**笔者的话** 　　2024年4月发布的《最高人民法院知识产权案件法律适用问题年度报告（2023）》中认为，在商标侵权诉讼中，合法来源抗辩成立应当具备主观、客观两方面要件。主观要件为销售者不知道或不应当知道被诉侵权商品构成侵权，客观要件为被诉侵权商品系由销售者合法取得，两个要件相互联系，不可分割，并且客观要件的举证对于主观要件具有推定效果。人民法院在审查前述主观、客观要件时，应当综合考虑销售者所处的市场地位、权利人维权成本以及市场交易习惯等因素，对销售者的举证责任作出合理要求；销售者的经营规模、专业程度、市场交易习惯等，可以作为确定其合理注意义务的证据，销售者提供的合法来源证据与其注意义务程度相当的，可以推定其主观上不知道所销售的系侵权商品。

# 6.3
## 合法来源抗辩成立后维权合理开支的承担

在知识产权侵权纠纷中，法律为善意、无过失的侵权人（往往是侵权产品的最后销售者）配置了提出合法来源抗辩的权利，使其可在满足法定条件，即不知产品侵权、明确说明提供者且无过失的情况下，不再承担赔偿责任。但是，在免除侵权人的损害赔偿责任后，其是否仍应负担权利人维权的合理开支，此前一段时期内尚未形成统一认识，在实践中还存在争议。如在销售者合法来源抗辩成立时，有法院判令其仍应赔偿维权合理开支，又或在权利人一并起诉侵权产品生产者和销售者时，判处两者连带赔偿合理开支。

### ▸ 6.3.1 责任的性质

笔者认为，要讨论合理开支的承担方式，关键还在厘清该项责任的性质。根据损害赔偿法一般原理可知，销售者负担维权合理开支的责任只可能是两种性质：一是赔偿责任，二是补偿责任。

在赔偿责任方面，根据特别法优于一般法的原则，知识产权侵权应优先适用知识产权法的有关规定。而《著作权法》第五十四条、《商标法》第六十三条和《专利法》第七十一条在规定侵权赔偿数额的计算方法时均明确写道：赔偿数额应当包括权利人为制止侵权行为所支付的合理开支。也就是说，维权合理开支是包含在侵权损害赔偿的数额内的，其责任性质通常是一种赔偿责任。而根据《著作权法》第五十九条、《商标法》第六十四条和《专利法》第七十七条的规定，合法来源抗辩成立的法律效力是销售者"不承担赔偿责任"。据此，合法来源抗辩成立后应一并免除销售者对维权合理开支的赔偿责任。

在补偿责任方面，知识产权法并无规定，此时则应适用民事一般法处理。对此，原《民法通则》第一百三十二条规定："当事人对造成损害都没有过错的，可以根据实际情况，由当事人分担民事责任。"原《侵权责任法》在此基础上对于公平分担损失的规则作了重申，根据该法第二十四条的规定，受害人和行为人对损害的发生都没有过错的，可以根据实际情况，由双方分担损失。但《民法典》第一千一百八十六条将这一规定修改为："受害人和行为人对损害的发生都没有过错的，依照法律的规定由双方分担损失。"相关释义认为，社会生活本身具有复杂性，个案有时千差万别，人民法院根据实际情况适用公平原则裁量案件，作为一种例外的情形也有存在的客观必要。从法理上讲，本条虽然删除了"可以根据实际情况"适用公平分担损失规则的规定，但《民法典》第六条对公平原则仍有明确规定，这对于侵权责任编调整的有关事项当然具有一般适用和补充适用的效力。以公平原则为指引和遵循，人民法院在法律没有规定适用无过错责任原则和过错推定责任原则的情形下，如果在双方当事人均没有过错，但不分担损失会显失公平的案件中，人民法院就可以根据案件实际情况适用本条规定。[1]

### ▶ 6.3.2 实践中的适用

据此，在权利人仅起诉侵权商品销售者时，合法来源抗辩成立虽免除了销售者的侵权损害赔偿责任，但仍可根据实际情况，基于公平原则，判令销售者分担或完全负担权利人维权的合理开支。具体而言，一方面，销售者虽无过错，但其行为确实给权利人造成了损害（如许可费损失），维权行为也是由销售者的行为所引发，并给权利人增添了新的损失（维权合理开支）；另一方面，销售者也并非没有任何责任，其虽被免除了赔偿责任，但仍应承担停止侵权的责任。

但在权利人一并起诉生产者和销售者时，令合法来源抗辩成立的销售者与无抗辩的生产者就合理开支共同承担责任，似乎不再妥当。首先，具有过错的生产者已经出现并为同案被告，根据上文分析，生产者理应对合理开支承担赔偿责任，而不再需要无过错的销售者对此进行分担，也就是说，要求销售者承担公平责任的基础已不复存在。其次，在无特别说明的情况下，销售者与生产者共同承担的责任应为连带责任，而连带责任只能由法律设立，在已被免除赔偿责任的情况下，再要求销售者承担连带责任于法无据。最后，虽然销售者负担了合理开支后可以依据合同（权利瑕疵担保）向上家进行追偿，而这一上家往往不会是商品生产者，其又可向它的上家再进行追偿，这便会使当事人陷入无穷的追偿链条当中，派生出多个诉讼，反而弃追偿链条终端的商品生产者于不顾。这一奇怪现象不仅不合理，也徒增当事

---

1 最高人民法院民法典贯彻实施工作领导小组，《中国民法典适用大全·侵权责任卷（一）》，人民法院出版社2022年版，第270页。

人诉累，极大浪费社会资源，理应避免。

综上，笔者认为，在权利人仅起诉侵权商品销售者和一并起诉侵权商品生产者、销售者这两种情况下，即使销售者的合法来源抗辩均告成立，但对维权合理开支的分配却是有所不同的，应区分情况分别处理：前者可让销售者对维权合理开支进行分担，后者则不应再令销售者承担连带责任（以下称为规则）。

**笔者的话**

上述规则被2016年全国法院知识产权审判工作座谈会采纳，作为最高人民法院庭长讲话指导全国法院，此后陆续被最高人民法院知识产权法庭裁判要旨及多份最高人民法院判决所确认。2021年该规则被《最高人民法院关于审理侵害植物新品种权纠纷案件具体应用法律问题的若干规定（二）》第十三条第一款所采纳，即被吸收为司法解释正式规定。

与此话题相关的是，2024年4月发布的《最高人民法院知识产权案件法律适用问题年度报告（2023）》中认为，一方面，在合法来源抗辩成立及权利人存在批量维权的情况下，人民法院应当综合考虑被诉侵权行为情节、侵权销售者主观因素、权利人关于合理开支方面的举证等具体情况，回归合法来源抗辩制度的立法本意，对权利人关于赔偿合理开支主张的合理性予以认定；另一方面，行使知识产权应当遵循诚实信用原则，且不得损害他人合法权益。当知识产权被侵害时，权利人可以依法行使诉权，但诉权的行使也应当遵循诚实信用原则，秉持善意，审慎行事。权利人故意以"诱导侵权""陷阱取证""误导性和解""故意一事两诉"等方式滥用知识产权的，人民法院应当依法采取有效措施予以规制，并可视情依据《最高人民法院关于知识产权侵权诉讼中被告以原告滥用权利为由请求赔偿合理开支问题的批复》，判令权利人承担对方当事人的诉讼合理开支。

# 7

# 侵犯著作权犯罪

## *7.1*
# 网络犯罪管辖问题

随着互联网的普及和电子商务的飞速发展，利用网络侵犯知识产权的现象也愈发频繁。对此类案件的管辖问题，此前学界所进行的讨论主要集中在对《最高人民法院关于适用〈中华人民共和国民事诉讼法〉的解释》第二十五条的理解上，即关注民事侵权案件管辖问题，但在司法实践中，对刑事案件管辖同样存在不同理解，尤其出现了积极制造连接点、以权利人住所地作为管辖地的现象，引发了较大争议。

### ▶ **7.1.1 现行规定梳理**

对刑事案件的地域管辖，《刑事诉讼法》第二十五条规定："刑事案件由犯罪地的人民法院管辖。如果由被告人居住地的人民法院审判更为适宜的，可以由被告人居住地的人民法院管辖。"据立法者编撰的条文释义阐释，刑事案件由犯罪地的人民法院管辖，这是划分地域管辖的一般原则。这样规定，有利于及时收集证据、查明案情，有利于诉讼参与人就近参加诉讼，并便于群众参加旁听案件。这里所说的犯罪地，既包括犯罪预备地、犯罪行为实施地，也包括犯罪结果发生地和销赃地。

同时，《最高人民法院关于适用〈中华人民共和国刑事诉讼法〉的解释》第二条第一款和《最高人民法院、最高人民检察院、公安部等关于实施刑事诉讼法若干问题的规定》均规定，此"犯罪地"包括犯罪的行为发生地和结果发生地。此外，《公安机关办理刑事案件程序规定》第十六条第一款具体规定："犯罪地包括犯罪行为发生地和犯罪结果发生地。犯罪行为发生地，包括犯罪行为的实施地以及预备地、开始地、途经地、结束地等与犯罪行为有关的地点；犯罪行为有连续、持续或者继续状态的，犯罪行为连续、持续或者继续实施的地方都属于犯罪行为发生地。犯罪结果发生地，包括犯罪对象被侵害地、犯罪所得的实际取得地、藏匿地、转移地、使用地、销售地。"

针对网络犯罪，《最高人民法院关于适用〈中华人民共和国刑事诉讼法〉的解释》第二条第二款规定："针对或者利用计算机网络实施的犯罪，犯罪地包括犯罪行为发生地的网站服务器所在地，网络接入地，网站建立者、管理者所在地，被侵害的计算机信息系统及其管理者所在地，被告人、被害人使用的计算机信息系统所在地，以及被害人财产遭受损失地。"

《最高人民法院、最高人民检察院、公安部关于办理信息网络犯罪案件适用刑事诉讼程序若干问题的意见》[1]（以下简称《网络犯罪意见》）规定的网络犯罪案件包括：（1）危害计算机信息系统安全犯罪案件；（2）拒不履行信息网络安全管理义务、非法利用信息网络、帮助信息网络犯罪活动的犯罪案件；（3）主要行为通过信息网络实施的诈骗、赌博、侵犯公民个人信息等其他犯罪案件。对网络犯罪的管辖，《网络犯罪意见》规定，由犯罪地公安机关立案侦查。必要时，可以由犯罪嫌疑人居住地公安机关立案侦查。信息网

---

[1] 2014年5月4日，《最高人民法院、最高人民检察院、公安部关于办理网络犯罪案件适用刑事诉讼程序若干问题的意见》开始施行，此后2022年9月1日《最高人民法院、最高人民检察院、公安部关于办理信息网络犯罪案件适用刑事诉讼程序若干问题的意见》开始施行，前一司法解释同时废止。

络犯罪案件的犯罪地包括用于实施犯罪行为的网络服务使用的服务器所在地，网络服务提供者所在地，被侵害的信息网络系统及其管理者所在地，犯罪过程中犯罪嫌疑人、被害人或者其他涉案人员使用的信息网络系统所在地，被害人被侵害时所在地以及被害人财产遭受损失地等。与前一司法解释相较，增加了"被害人被侵害时所在地"。

　　值得关注的是，2018年1月1日开始施行的《最高人民检察院、公安部关于公安机关办理经济犯罪案件的若干规定》第十一条第二款对网络经济犯罪管辖作了较大调整："主要利用通讯工具、互联网等技术手段实施的经济犯罪案件，由最初发现、受理的公安机关或者主要犯罪地的公安机关管辖。"该款为此次修订新增。起草者编撰的条文释义在介绍该条的起草背景时说明，近年来主要利用通讯工具、互联网等技术手段实施的经济犯罪活动持续高发，涉及犯罪类型众多，但此类非接触式犯罪案件由于犯罪网络化、团伙化、流动化的特点，案件线索较少，查证困难，本条规定可减少和避免少数地方公安机关拖延、推诿和群众投告无门的现象，同时督促公安机关充分利用信息化手段进行数据化作战，减少选择性执法，扩大打击规模和成效。起草者同时认为，该规定实际对于犯罪地作出了扩大的外延解释，就网络犯罪而言，网络服务提供者的网站所在地、计算机操作地、网页的浏览地等均可能成为犯罪地。[1] 此后《网络犯罪意见》第三条沿用了这一规定。

　　《最高人民法院、最高人民检察院、公安部关于办理侵犯知识产权刑事案件适用法律若干问题的意见》（以下简称《知识产权刑

---

[1] 高峰、万春、孙茂利，《〈最高人民检察院、公安部关于公安机关办理经济犯罪案件的若干规定〉条文释义与适用指南》，中国人民公安大学出版社2018年版，第29-30页。

事案件意见》）规定："侵犯知识产权犯罪案件的犯罪地，包括侵权产品制造地、储存地、运输地、销售地，传播侵权作品、销售侵权产品的网站服务器所在地、网络接入地、网站建立者或者管理者所在地，侵权作品上传者所在地，权利人受到实际侵害的犯罪结果发生地。"

同时，在针对《知识产权刑事案件意见》配套撰写的"理解与适用"一文中，起草者对该管辖规则的制定背景与目的做了如下阐释："一是侵犯知识产权刑事案件跨地区、产业化特征明显，侵权产品的制造、储存、运输、销售等都属于犯罪的一个环节，这些犯罪行为的发生地都是刑事诉讼法规定的犯罪地。二是利用互联网传播侵权作品、销售侵权产品的犯罪行为大多发生在虚拟的网络空间，此类案件中犯罪地不同于普通的侵权犯罪案件，《意见》参照《关于办理网络犯罪案件适用法律若干问题的意见》等相关规定，对此进行了有针对性的明确。三是作为被侵权者的权利人更易发现市场上存在的针对其产品或作品的侵权盗版行为，明确将权利人受到实际侵害的犯罪结果发生地作为犯罪地，有利于公安机关依法及时立案，切实保护权利人的知识产权。"[1]

### ▸7.1.2 传统管辖地分析

笔者认为，对利用互联网销售侵权产品等犯罪行为的管辖地司法解释有专门规定，与一般犯罪和其他网络犯罪均有所不同。在制定《知识产权刑事案件意见》时，起草者已经明确考虑到该类案件

---

1 逄锦温、刘福谦、王志广、丛媛，"《关于办理侵犯知识产权刑事案件适用法律若干问题的意见》的理解与适用"，载《人民司法·应用》，2011年第5期，第17页。

的管辖问题，并参照《关于办理网络犯罪案件适用法律若干问题的意见》等进行了有针对性的规定。[1] 故笔者认为，即使认为此类行为属于《网络犯罪意见》所调整的以不特定多数人为犯罪对象的网络犯罪，即网络涉众型犯罪，但在司法解释对其中一类具体行为另行作出专门规定的情况下，基于特别优于一般的原则，在确定管辖地时仍应径行适用《知识产权刑事案件意见》。据此，结合"理解与适用"一文，我们对可能的管辖连接点可以作如下分析。[2]

### 7.1.2.1 产品销售地

此类电子商务型犯罪管辖地与一般侵犯知识产权犯罪的管辖地（制造地、销售地等）为并列关系，运用体系解释方法可知，不应将网络销售侵权产品的收货地视为侵权产品销售地，后者应该是指产品在线下的实际销售地，更不应将互联网的覆盖范围（全国乃至全球）均认为是侵权产品的销售地，而应适用针对网络销售的特殊规则。同时，此处所涉的销售行为应是犯罪嫌疑人（侵权产品制造者、销售者等）本人实施的行为，如果是无意思联络的第三人实施，则可能适用其他规定（详见下文对结果发生地的分析）。

### 7.1.2.2 结果发生地

司法解释中将结果发生地明确限定为"权利人受到实际侵害的犯罪结果发生地"，与互联网犯罪管辖地也是并列的，制定原因是"作

---

1　逄锦温、刘福谦、王志广、丛媛，"《关于办理侵犯知识产权刑事案件适用法律若干问题的意见》的理解与适用"，载《人民司法·应用》，2011年第5期，第17页。

2　逄锦温、刘福谦、王志广、丛媛，"《关于办理侵犯知识产权刑事案件适用法律若干问题的意见》的理解与适用"，载《人民司法·应用》，2011年第5期，第16—23页。

为被侵权者的权利人更易发现市场上存在的针对其产品或作品的侵权盗版行为"。从制定原因的表述上看，这一"实际侵害地"似乎主要指权利人在市场上发现的侵权行为的地点，一般即正在销售侵权产品的地点。此时我们不仅会提出疑问，这一规定与司法解释前段对销售地的规定究竟有何不同，其是否有独立存在的意义和价值？

为了说明这一问题，试举一例：甲在A地制造、销售假酒，与甲无意思联络的乙少量购入后在B地试销，假酒上使用了他人注册商标，被权利人在B地市场发现。此时，甲仅在A地而没有在B地实施犯罪行为，乙的销售行为也未构成犯罪，故B地并不是作为犯罪行为发生地的销售地。但乙的销售行为实际发生在B地市场，破坏了B地消费者对产品与其来源间形成的固定联系，阻碍了商标权人商誉在B地的积累，甚至可能损害其商誉，故在B地对商标权人造成了实际的损害结果。因此，虽然甲仅在A地实施假冒注册商标（制造并销售假酒）犯罪行为，但B地对此仍具有管辖权。由此可见，产生上述疑问的原因是提问者只关注了销售地与实际销售行为的明显关联，却忽略了销售地属于犯罪行为实施地这一必要前提。

### 7.1.2.3 权利人（被害人）住所地

《知识产权刑事案件意见》与《网络犯罪意见》相较，最大的区别便在于，前者并没有规定"被害人使用的计算机信息系统所在地，被害人被侵害时所在地，以及被害人财产遭受损失地"，无法径行援用。

基于刑法一般理论，刑法中的"犯罪结果"是指受刑法保护的利益遭到侵害，"犯罪结果发生地"即侵害法益地。以侵害商标权犯罪为例，犯罪人所侵害的为复合法益，包括社会主义市场经济秩序、商标权人合法权益和消费者的利益等。商标权人合法权益的核心，则包含传统商标法认为的注册商标与特定商品间的固定联系，以及现代商标法认为的商标权人所累积的商誉。从广义角度理解，注册商标专用权的权利范围是全国，固定联系形成的范围和商誉累积的范围也是全国，因此对商标权人法益进行侵害，犯罪的结果是发生在全国范围内的，而非囿于一地一城；如果考虑购买商品的不特定消费者利益，更会得出同样结论。而从狭义角度理解，即将犯罪行为对固定联系及商誉的侵害理解为只发生在特定地域而非全国范围内，那也应适用前文对"实际侵害犯罪结果发生地"的分析。

实际上早在1998年，《最高人民法院关于全国部分法院知识产权审判工作座谈会纪要》中便指出："在审判实践中，一些法院对最高人民法院司法解释中关于'侵权结果发生地'的理解，有一定的混乱，有的甚至认为，在侵权案件中，受到损害的原告住所地或者'侵权物'的达到地就是'侵权结果发生地'。与会同志普遍认为，在知识产权侵权纠纷案件中，侵权结果发生地，应当理解为是侵权行为直接产生的结果发生地，不能以原告受到损害就认为原告所在地就是侵权结果发生地。"这一观点与对此后《知识产权刑事案件意见》中"权利人受到实际侵害的犯罪结果发生地"的理解应该是一致的。可能也是为了避免理解和适用上的混乱，《最高人民法院关于审理商标民事纠纷案件适用法律若干问题的解释》《最高人民法院关于审理著作权纠纷民事纠纷案件适用法律若干问题的解释》和《最高人民法院关于审理侵害信息网络传播权民事纠纷案件适用法律若干问题的规定》中，对案件管辖地均未规定包含结果发生地。

### ▶ 7.1.3 网络犯罪管辖新发展

与传统犯罪不同，网络犯罪是发生在网络空间，最显著的特点就是虚拟性，加之本文所涉的知识产权本身具有的无形性特征，都会给传统理论和制度带来很大挑战。较为一致的意见是，不能按照对传统犯罪地的理解来处理网络犯罪的管辖问题，但在网络犯罪管辖地是否应推及全国这一问题上目前还存在较大争议：赞同观点认为，由于网络犯罪具有智能化、隐蔽性强的特点，使此类案件的侦破难度很大，加之云计算等技术的发展，实践中由服务器、网站、计算机等所在地公安机关直接发现犯罪行为的较少，而由异地受害人尤其是权利人发现并报案的较多，因此应当赋予最初发现、受理的公安机关以管辖权；反对观点则认为，这样会使权利人可以任意选择管辖地，从根本上破坏刑事诉讼法所建立的地域管辖制度，有悖于法律原则和精神，而且很可能催生地方保护主义，破坏社会主义法治秩序和市场经济秩序。

笔者认为，在讨论此问题时需要关注电子商务对传统线下市场的替代现象。诚如上文所举售卖假酒之例，传统交易模式下不同地域市场间存在地理上的分隔，消费者独自从A地购买侵权商品到B地使用，对商标已在B地形成的稳定联系及其表彰的商誉，以及对B地的市场经济秩序一般均不会产生较大影响，只有购入后在B地市场上进行二次销售才会在当地产生实际侵害结果。但电子商务交易模式弥合了不同地区间地理上的分隔，A地的侵权商品可以通过互联网直接向B地市场销售，可以被当地不特定消费者所购买，而无须所谓"二次销售"的过程，这也愈发降低侵权成本、扩大侵权规模，促使网络侵权频发。站在技术中立的立场上，我们很难解释同样是向B地市场销售，人力贩运方式和电子商务模式在侵害结果上有何不同，也难以说明此时的B地市场是否属于"权利人受到实际侵害的犯罪结果发生地"。更何况在刑事案件中，犯罪还有"未遂"的样态，更加剧了问题的复杂性。

如何调和互联网犯罪管辖理论与传统管辖理论，是将网络犯罪管辖地与"权利人受到实际侵害的犯罪结果发生地"相联系，还是基于严格的体系解释将其排除在结果发生地之外，这不仅是亟待解决的实务问题，也是规则制定者所要面对的法政策问题。法律与社会的双向互动是一个永恒的话题，新技术、新文化的出现和发展都可能改变两者间原有的契合方式，对此我们似乎更需要全盘考量各种复杂变量，继续编织协调自洽的图景，在科技革命背景下完成又一次的深刻变革。

| 笔<br>者<br>的<br>话 | 可供对照参考的是，对侵害作品信息网络传播权的民事案件，最高人民法院指导性案例223号的裁判要点认为：侵害作品信息网络传播权的侵权结果发生地具有不确定性，不应作为确定管辖的依据。在确定侵害作品信息网络传播权民事纠纷案件的管辖时，应当适用《最高人民法院关于审理侵害信息网络传播权民事纠纷案件适用法律若干问题的规定》第十五条的规定，即由侵权行为地或者被告住所地人民法院管辖。 |
| --- | --- |

# 7.2

# 侵犯著作权犯罪的辨析

实践中，侵犯著作权犯罪案件数量不多，可能属于侵犯知识产权犯罪中较为"冷门"的犯罪类型。以中国裁判文书网检索情况为例，在其余条件均不限的情况下，以"侵犯著作权"作为案由检出结果2550件，以"销售侵权复制品"为案由检出结果62件，两者合计2612件；而以两者的上位罪名，即"侵犯知识产权"作为案由，检出结果为26234件。[1] 据此可得，侵犯著作权和销售侵权复制品犯罪

---

1　最后检索日期：2024年6月14日。

在整个侵犯知识产权犯罪案件中占比仅为9.96%左右。然而，案件不常见、数量少往往意味着对其的关注和研究不足，实践中也会遇到难以解答的困惑。

## ▶ 7.2.1 被"废弃"的销售侵权复制品罪

实践中单独以"销售侵权复制品罪"定罪的案件数量极少，整个中国裁判文书网竟仅检索出35件。笔者揣测其中原因，可能是因为对司法解释规定的理解存在较大分歧所致。《最高人民法院、最高人民检察院关于办理侵犯知识产权刑事案件具体应用法律若干问题的解释（二）》第二条第一款规定："刑法第二百一十七条侵犯著作权罪中的'复制发行'，包括复制、发行或者既复制又发行的行为。"根据该条规定，单独的发行行为可以构成《刑法》第二百一十七条规定的侵犯著作权罪，而销售即有偿提供作品原件和复制件则是最为主要的"发行"方式，故很多专业人士将其理解为司法解释对"销售侵权复制品罪"进行了废除。笔者并不赞同这一观点——一方面，这一解释方式有违法律解释学中的"有效解释原则"；另一方面，《刑法》是全国人民代表大会制定的刑事领域基本法，其规定焉能由司法解释废除？[1] 得出这样的错误结论，只能说明解释方法存在问题。

实际上，司法解释的该条规定与《刑法》的规定并非不可调和。将两者相结合进行体系解释，可以得出以下结论：《刑法》第二百一十七条侵犯著作权罪中的"复制发行"可以包含单独的发行行为，但该行为人必须与复制者存在意思联络、构成共同犯罪，这在实践中往往体现为犯罪团伙中分工不同，如有人仅负责制版、印

---

1　2021年3月1日起施行的《刑法修正案（十一）》第二十一条还提高了销售侵权复制品罪的法定最高刑，更使"废除说"不攻自破。

刷（复制），有人专门负责兜售（发行），还有人负责运输、邮寄等；而如果是侵权复制品售出后，购入者将其二次进行销售，且与侵权复制品制作者主观上不存在意思联络、客观上不存在利益分配等，则此二次销售者与制作者并不构成共同犯罪，而是在符合法定要件的情况下单独构成销售侵权复制品罪。这一解释方法与对假冒注册商标罪和销售假冒注册商标的商品罪间关系的解释完全相同，体系协调、逻辑自洽，既回答了一些学者对司法解释规定提出的质疑，又明显比将《刑法》第二百一十七条中的"发行"解释为"除销售以外的发行"更为合理。

《最高人民法院、最高人民检察院关于办理侵犯知识产权刑事案件具体应用法律若干问题的解释》第十四条第二款规定："实施刑法第二百一十七条规定的侵犯著作权犯罪，又销售明知是他人的侵权复制品，构成犯罪的，应当实行数罪并罚。"据此，如销售明知是他人的侵权复制品且与该人不具有共同犯罪意思联络的，则可能同时构成侵犯著作权罪和销售侵权复制品罪，应数罪并罚。

## ▶ 7.2.2 销售侵权复制品罪的法规梳理

1994年《全国人民代表大会常务委员会关于惩治侵犯著作权的犯罪的决定》首次对销售侵权复制品罪进行了规定。

1995年《最高人民法院关于适用〈全国人民代表大会常务委员会关于惩治侵犯著作权的犯罪的决定〉若干问题的解释》一方面对该罪的犯罪数额进行了规定，另一方面认为实施该决定第一条规定的侵犯著作权的犯罪行为，又销售明知是该决定第一条规定的其他侵权复制品，构成犯罪的，应当实行数罪并罚。

1997年《刑法》将侵犯著作权犯罪纳入刑法条文。

2004年《最高人民法院、最高人民检察院关于办理侵犯知识产权刑事案件具体应用法律若干问题的解释》将前述1995年解释中的"又销售明知是其他侵权复制品"修正为"又销售明知是他人的侵权复制品"，强调无意思联络的用意更加明显，且防止产生同时销售侵犯著作权和侵犯著作邻接权复制品应数罪并罚的歧义。

2007年《最高人民法院、最高人民检察院关于办理侵犯知识产权刑事案件具体应用法律若干问题的解释（二）》将"复制发行"解释为包括复制、发行或者既复制又发行。

## ▶ 7.2.3 侵犯著作邻接权类犯罪

一种观点认为，销售他人享有专有出版权的图书可能构成销售侵权复制品罪。实践中，侵害专有出版权的民事案件数量不多，以"侵害出版者权纠纷"为案由，在中国裁判文书网检出民事一审案件1619件，"侵害录音录像制作者权纠纷"的检出结果则为5789件，[1] 可想而知，该类刑事案件的数量应该更少。

对于侵犯著作邻接权类犯罪，首先，根据《刑法》第二百一十八条关于销售侵权复制品罪的规定，该条所称的"侵权复制品"是指《刑法》第二百一十七条规定的侵权复制品，其中不仅包含侵犯著作权的复制品，也包括侵犯专有出版权和录音录像制作者权等的复制品；其次，基于《著作权法》第六十三条对"出版"是指作品的复制、发行的定义，以及《刑法》第二百一十七条第三项对"复制发行"录音录像的要求，在处理侵犯著作邻接权类犯罪时同样需要厘清复制发行与销售间的关系，对此的解释应与前文对复制发行作品与销售侵权复制品罪的解释相同；最后，即使获得作品著作权人许可，即未侵犯他人著作权时，复制、发行行为仍有可能侵犯专有出版权或录音录像制作者权。

---

1　最后检索日期：2024年6月14日。

与此相关的是，全国人大法工委刑法室主任王爱立主编的《中华人民共和国刑法解读（第五版）》[1]亦认为，《刑法》第二百一十八条中的"侵权复制品"必须是第二百一十七条规定的侵权复制品。

**笔者的话**

关于销售侵权复制品罪，推荐阅读江苏警官学院刘蔚文教授的《销售侵权复制品罪的弃用现象与启用路径研究》一文。该文同样认为："侵犯著作权罪的主体是侵权复制品制作者本人，或与制作者事前通谋的发行者或销售者，而销售侵权复制品罪的主体是侵权复制品制作者以外的从侵权复制品制作者处购得侵权复制品后再进行销售的其他行为人。"[2]此外在2023年12月28日，刘某等侵犯著作权、尹某某等销售侵权复制品案和何某甲等侵犯著作权、朱某甲等销售侵权复制品案两件案件入选了最高人民检察院"检察机关依法惩治侵犯著作权犯罪典型案例"。

# *7.3*

# 假冒署名与侵犯著作权罪

《刑法》第二百一十七条规制侵犯著作权类犯罪，其中该条第五项规定，以营利为目的，制作、出售假冒他人署名的美术作品，违法所

---

1　王爱立，《中华人民共和国刑法解读（第五版）》，中国法制出版社2018年版，第499页。

2　刘蔚文，"销售侵权复制品罪的弃用现象与启用路径研究"，载《政治与法律》，2013年第5期，第47页。

得数额较大或者有其他严重情节的，即构成犯罪。实践中，该类案件数量不多，对该类犯罪很有研究和讨论的必要。

## ▸ 7.3.1 何谓"假冒他人署名"

这一问题在著作权法领域曾引发争议并有所讨论。《著作权法》第五十三条第八项规定，制作、出售假冒他人署名的作品的，构成侵权。在此前的讨论中，主流观点认为，署名权是作者对自己创作作品所享有的权利，如在甲创作的作品上署乙的名字，因该作品并非由乙创作，故乙对该作品根本不享有署名权，该行为侵犯的实际上是乙的姓名权（进而认为该侵权行为不应由著作权法而应由人格权法所调整）。

然而根据立法者编撰的释义，这一理解在刑法上似乎并不完备。据其示例，《刑法》中的"假冒他人署名"包括三种情形：一是临摹他人的画，署上他人的名，假冒他人的画出售；二是以自己的画，署上名画家的名，假冒他人的画出售；三是把他人的画，署上名画家的名，假冒名画家的画出售。从中可见，后两种情形均属于把本不是名画家的画署上了名画家之名，属于前述侵犯姓名权的情况；但第一种情形应是指临摹（多半是高精度仿制）名家画作后，将临摹件假充画家真迹出售以牟取暴利，此时如果只是原样仿制，则该行为仅侵犯复制权（发表权、发行权等暂不考虑），而如果改变了原作的署名方式，如将不署名变为署名、将署笔名变为署真名等，则属于侵犯作者署名权。可见该条规定不仅包含侵犯姓名权的情况，也包括侵犯署名权，甚至两种权利均侵犯的情形。

综上，法律的这项规定意在保护包含著作权人、美术作品买受人和艺术品市场秩序在内的复合法益，同时仅关注假冒美术作品真迹出售，即"以假充真"的情形，但对该假冒艺术品是原样仿制还是"张冠李戴"则在所不问，因为这两种行为所造成的损害，尤其是给买受人造成的经济损失都是基本相同的。此外，如果未经许可，以复制品而非真迹的名义复制发行美术作品的，则可能构成《刑法》第二百一十七条第一项的侵犯著作权罪或第二百一十八条的销售侵权复制品罪。

### ▸ 7.3.2 真迹修复问题

实践中，存在对名家名画进行所谓"修复"，尤其对未署名的作品增补署名后进行销售的行为。如未经许可，这一行为在著作权法上是否构成侵权应不存在争议，但在刑法上能否构成犯罪则不无疑问。对此，笔者认为可区分具体情况分别进行讨论。

如仅在画作真迹上增添该画家署名，以谋求更高的销售价格，则此行为不属于原样仿制或张冠李戴，虽然违背了作者关于是否署名的意志，但对买受人和市场秩序均未造成较大损害，一般情况下可不认为是犯罪。也可以理解为，无论是姓名还是著作权法意义上的署名，被用于美术作品上均是作为表明该作品作者身份，即作品来源的符号，而在作者真迹上如实披露作者身份并不会对作者与作品间的真实关系造成扭曲，不属于《刑法》第二百一十七条第五项所调整的"假冒"行为。此外，在临摹件上原样署名可能构成前述规定的犯罪，删去署名反而不会构成，可见该条规定也不是意在保护作者人格意志，即著作人身权的。

如在真迹上进行修复或修改，则既可能是为褪色部分重新上色、将有少许歪斜的线条修直等小幅改动，也可能是为扩大尺幅、改变题材等目的而进行的大幅修改，尤其是为了迎合市场需求而有意扩大画作尺幅、增加艺术表现，以期抬高售价，牟取更大利益。对此笔者认为，可以著作权法中的非原样复制和改编的标准进行区分——我们至少可以认为，如在一件作品中增添的表达如此之多，以至于足以在原作之外另外形成新的作品，则该新作品已不再是原作者的作品，在该作品上署原作者名即属张冠李戴，构成"假冒他人署名"。在判断时可参考对文字、音乐等作品实质性相似判断的量化方法，如书画可以尺幅进行量化并得出改动比例。但需强调，这一方法仅可辅助判断，并不绝对，仍以书画为例，白描勾画仅寥寥数笔，"画龙点睛"更只需一笔。这样的判断固然会带有一定主观性，但笔者相信，多数情况下对复制与改编还是可以区分且争议不大的。

| 笔者的话 | 《文物保护法》第六十二条第一款规定："修复馆藏文物，不得改变馆藏文物的原状；复制、拍摄、拓印馆藏文物，不得对馆藏文物造成损害。"国家文物局《可移动文物修复管理办法》第三条规定："修复可移动文物应当坚持不改变文物原状原则，全面保存和延续文物的历史、艺术、科学的信息与价值……"我国文物修复保护的基本原则包括最小干预原则、最大信息保留、安全性、可再处理性等，而对包括书画在内的文物合法进行修复，修复者应该几乎是没有改编，即增添自己个性化表达的余地的。 |
| --- | --- |

# 7.4

# 网络侵犯著作权犯罪：现实问题的可能解释

时下，随着互联网经济与产业的飞速发展，通过网络传播与接触信息已成为公众的生活习惯；与此相伴的，利用网络侵犯著作权

的侵权乃至犯罪行为也日趋频繁。但仔细观察刑法中侵犯著作权罪
的相关规定却会发现，在互联网环境下，该罪的犯罪构成要件或者
说其边界尚不完全明晰，还有待进一步厘清。

## ▶ 7.4.1 语汇的特定含义

具体地，根据《刑法修正案（十一）》对刑法第二百一十七条
的修订，通过信息网络向公众传播文字作品、音乐、美术、视听作
品、计算机软件及法律、行政法规规定的其他作品的行为被正式纳
入《刑法》条文，但作为长期审理知识产权民事案件的法官，笔者
对其中的"通过信息网络向公众传播"一词较为敏感，因为该词在
《著作权法》中是有其特定含义的。

《著作权法》第三十九条第一款第六项规定，表演者对其表
演享有许可他人通过信息网络向公众传播其表演，并获得报酬的权
利。第四十四条第一款规定："录音录像制作者对其制作的录音录
像制品，享有许可他人复制、发行、出租、通过信息网络向公众传
播并获得报酬的权利；权利的保护期为五十年，截止于该制品首次
制作完成后第五十年的12月31日。"第四十七条第一款第三项规定，
广播电台、电视台有权禁止未经其许可，其播放的广播、电视通过信
息网络向公众传播。第五十三条第一项规定："有下列侵权行为的，
应当根据情况，承担本法第五十二条规定的民事责任……（一）未
经著作权人许可，复制、发行、表演、放映、广播、汇编、通过信息
网络向公众传播其作品的，本法另有规定的除外。"而上述规定中的
"通过信息网络向公众传播"一词，在《著作权法》中无一例外都是
指利用网络对作品进行交互式传播、侵犯著作权人信息网络传播权的
行为。故对《刑法》规定中该词语的理解，直接关系到划定侵犯著作
权罪边界、判断罪与非罪的问题；具体到现实环境中，则关系到利用

网络对作品进行非交互式传播（最典型的如网络直播、网络广播等）是否构成犯罪的问题。

### ▶ 7.4.2 法律的两种理解

对这一问题可能存在两种不同观点：一种观点认为，如无特别说明，对于《刑法》的规定，应严格按其字面意思进行理解，"通过信息网络向公众传播"仅规定了向公众传播信息的渠道为网络，但对信息传播的方式，即是否为交互式传播方式则并未进行任何限定，故不应人为地对其另行加以限缩；另一种观点认为，与同一条文中的"复制""发行"一样，"通过信息网络向公众传播"同样是著作权法中具有特定含义的专门术语，故在理解侵犯著作权罪的规定时，必须结合《著作权法》规定与理论一并进行体系解释，而抛开《著作权法》谈著作权、另辟蹊径进行解释，反而需要更充足的理由。尤其是《著作权法》与《刑法》相连接的第五十三条（构成特定行为犯罪的依法追究刑事责任），同样使用了"通过信息网络向公众传播作品"的表述。

### ▶ 7.4.3 规则的制定背景

笔者认为，要回答这一问题，对《刑法》第二百一十七条规定的来源、制定背景、相关释义等进行分析会是极为有益的。该条规定的最初来源为《最高人民法院、最高人民检察院关于办理侵犯知识产权刑事案件具体应用法律若干问题的解释》，该解释第十一条第三款规定："通过信息网络向公众传播他人文字作品、音乐、电影、电视、录像作品、计算机软件及其他作品的行为，应当视为刑法第二百一十七条规定的'复制发行'。"此后，《最高人民法院、最高人民检察院、公安部关于办理侵犯知识产权刑事案件适用法律若干问题的意见》进一步明确了该词的指向，该意见第十二条"关于刑法第二百一十七条规定的'发行'的认定及相关问题"中规定："'发行'，包括总发行、批发、零售、通过信息网络传播以及出租、展销等活动。"最后，《刑法修正案（十一）》第二十条将通过网络侵犯著作权的行为正式纳入刑法规定。

　　关于相应条文的释义，笔者查阅了全国人大法工委版（许永安主编）[1] 和最高人民法院版（杨万明主编）[2] 的《刑法修正案（十一）》相关释义，其均未对此问题进行阐释；而在《〈关于办理侵犯知识产权刑事案件适用法律若干问题的意见〉的理解与适用》[3] 一文中，同样未涉及这一问题；但在该规定的源头，即在对《最高人民法院、最高人民检察院关于办理侵犯知识产权刑事案件具体应用法律若干问题的解释》的制定过程与规范目的等进行回顾时，则能够找到与此问题直接相关的材料——最高人民法院[4] 和最高人民检察院[5] 的同志分别撰写的理解与适用文章，对这一问题的介绍和解释也基本是一致的。两篇文章都认为：一方面，制定该规定的

---

1　许永安，《中华人民共和国刑法修正案（十一）解读》，中国法制出版社2021年版。

2　杨万明，《〈刑法修正案（十一）〉条文及配套〈罪名补充规定（七）〉理解与适用》，人民法院出版社2021年版。

3　逄锦温、刘福谦、王志广、丛媛，"《关于办理侵犯知识产权刑事案件适用法律若干问题的意见》的理解与适用"，载《人民司法·应用》，2011年第5期，第16–23页。

4　李晓，"《关于办理侵犯知识产权刑事案件具体应用法律若干问题的解释》的理解与适用"，载《人民司法》，2005年第1期，第17页。

5　陈国庆、韩耀元、张玉梅，"'两高'《关于办理侵犯知识产权刑事案件具体应用法律若干问题的解释》的理解与适用"，载《人民检察》，2005年第1期，第40页。

起因是2001年《著作权法》进行了修订，为著作权人增设了信息网络传播权，并规定侵犯信息网络传播权的行为可构成犯罪，因此需要在刑法体系中据此加以调整；另一方面，该规定制定的现实背景是"在线盗版"，即未经许可通过互联网传播计算机软件的问题日益突出，有必要对其加以调整。

### ▸ 7.4.4 规定的可能解释

由此看来，在此项规定制定之初，其所针对的就是侵犯著作权人信息网络传播权的犯罪行为，其制定的依据是2001年《著作权法》第四十七条第一项[1]，其欲规制的主要行为（在互联网传播盗版软件）则是典型的侵犯信息网络传播权的行为。基于此，从《刑法》规定的源流中探寻，我们完全有理由相信，侵犯著作权罪中"通过信息网络向公众传播"的含义与《著作权法》中的含义相同，仅限于侵犯著作权人信息网络传播权的交互式传播行为，而不包括网络直播、网络广播（网络定时播放）等侵犯广播权[2]的非交互式传播行为。根据前文对各类释义类文章的梳理，目前亦无证据显示，该特定术语的含义在法规承继与发展的过程中发生了转变。

退一步来说，虽然如前文所述，目前对《刑法修正案（十一）》较为权威的两个版本的释义中对此问题均未进行特别阐释，也可以认为不能百分之百排除"通过信息网络向公众传播"规定被纳入《刑法》前后其含义已发生变化的可能，但在目前至少存在两种合理解释的情况下，基于刑法谦抑性与"有利被告人"原

---

1 这也在一定程度上解释了为什么司法解释条文中没有采用类似"个人选定的时间、地点"等对交互式传播更为准确的表述。

2 根据2020年修正后的《著作权法》第十条第一款第十一项的规定，未经允许，以有线或无线方式非交互式传播作品的行为均属侵犯著作权人广播权的行为。

则，是否也应选取规范射程较近的解释呢？最后需要说明的是，《刑法修正案（十一）》将网络侵犯著作权行为纳入刑法，在此背景下这一问题也还是一个新的问题，对其理解尚待有权机关进一步作出解释。

**笔者的话**　　王迁教授在《论著作权保护刑民衔接的正当性》一文中同样认为，对《刑法修正案（十一）》增加的"通过信息网络传播"应进行合理解释，该术语仅指通过信息网络进行的交互式传播，不包括非交互式的网络传播（网播）。[1]

---

1　王迁，"论著作权保护刑民衔接的正当性"，载《法学》，2021年第8期，第18–19页。

8

# 著作权法的
# 过去和未来

## 8.1

# 民国时期《著作权法》对读

2020年全国人大常委会的修法决定标志着对著作权法的关注和研究达到新的高度，然而除眺望科技进步、经济发展、社会变革及其与法律的双向互动之外，在茫茫史海中尚有闪耀遗珠待人捡拾——从法制史角度考察法律的源头与流变更有助于我们把握其发展脉络，加深理解与认识；以古鉴今，也使我们能够探析其中根植的文化传统与制度变革带来的扬弃。著作权法领域，《大清著作权律》与民国时期著作权法堪称双璧，本文暂取后者，以今时今日之著作权法结构体例对其条文重新进行梳理，并在某些制度设计上与当今著作权法资料相对照，以便更好体会其间蕴含的承继与变革。

民国时期《著作权法》颁行于1928年5月14日，分为总纲、著作权之所属及限制、著作权之侵害、罚金、附则等五章，全文计40条；同日还颁行了《著作权法施行细则》共15条，内容多针对作品注册。

### ▶ 8.1.1 作品与著作权的取得

民国时期《著作权法》第一条列举了受保护的作品类型，如文字作品（书籍、论著及说部[1]），音乐作品（乐谱），戏剧作品

---

1　说部是对小说、笔记等作品的旧称。参见上海法政学社，《著作权法详解》，上海法政学社1936年版，第3页。

（剧本），美术作品（图画、字帖、雕刻），摄影作品（照片），模型作品等。但其仅为示例性列举，该条对作品类型并未限定，而是采用开放式立法模式，设置兜底条款，即"其他关于文艺、学术或美术之著作物"。这一表述类似今日所说的"文学、艺术和科学领域"。在2020年修改后的《著作权法》中，对作品类型亦加入了开放式的兜底条款，即"符合作品特征的其他智力成果"；而反观我国台湾地区，目前则又采取了无兜底条款的封闭模式。[1] 值得注意的是，该条并没有提出对作品独创性的要求。此外，民国时期《著作权法》第七条认可了法人作品，即"著作物系用官署、学校、公司、会所或其他法人或团体名义者"。

对著作权的取得，民国时期《著作权法》未采用现今通行的自动保护原则，而是在第一条明确了著作物须进行注册方可取得著作权并受到法律保护，并在第二条规定了注册主管部门，在第十二条规定了逐次或分数次发行的著作物的注册方法，在第二十二条规定了拒绝注册的法定事由。而同日颁行的《著作权法施行细则》，则内容基本上都是关于著作物注册程序的规定。对外国人取得著作权，《著作权法施行细则》第十四条采用对等原则，即仅当该外国承认中国人在该国享有著作权时，方在中国对其作品提供著作权法保护。而现今对外国人作品，主要是依其所属国或者经常居住地国同我国签订的协议或者共同参加的国际条约提供保护，或者其作品首先在中国境内出版的也可以受到保护。

民国时期《著作权法》第二十条规定了三类不享有著作权的客体，其中第一类"法令、约章及文书、案牍"，即公文书，与现今规定类似，即现行著作权法所称"法律、法规，国家机关的决议、决定、命令和其他具有立法、行政、司法性质的文件，及其官方正

1　参见我国台湾地区"著作权法"第五条。

式译文"；但第二、三类各种劝诫及宣传文字、非纯属学术性质的
公开演说则明显涵盖范围过广，对著作权人权利损害较大，目前已
无类似规定。

## ▶ 8.1.2 权利类型

民国时期《著作权法》仅在第一条规定了著作权人所享有的权
利——"专有重制之利益"，其中"重制"一词我国台湾地区目前
仍在使用，指"以印刷、复印、录音、录影、摄影、笔录或其他方
法直接、间接、永久或暂时之重复制作"[1]，即"重复制作"、复
制之意。同时作者"就乐谱剧本有著作权者，并得专有公开演奏或
排演之权"，即对音乐和戏剧作品享有表演权，但对该条中的文字
作品并未提供此项权利。然在此条之外，仔细分析却会发现，民国
时期《著作权法》对著作权权能更多地是采用反面方式规定，即在
"著作权之侵害"一章中，通过规定侵权人的法律责任来赋予著作
权人以相应的禁用权。如第二十四条（著作权受让人或继承人）、
第二十五条（对已进入公有领域的作品）均规定"不得将原著作物
改窜、割裂、变匿姓名或更换名目发行之"，这可视为对作者署名
权和保护作品完整权的保护；[2] 第二十六条"冒用他人姓名发行自己
之著作物"属于对姓名权的保护，第二十七条"未发行著作物之原
本及其著作权，不得因债务之执行而受强制处分"可视为对发表权
间接的、不完全的保护。由此可见，民国时期《著作权法》对作者
精神权利（人格权利）提供了较为充分的保护，而对作者的经济权

---

1 参见我国台湾地区"著作权法"第三条。

2 有观点明确认为，民国时期《著作权法》第二十四条就是对作者专属的人格权
的规定。参见徐鸣之，《著作权法释义》，商务印书馆1929年版，第18页。

利,则只规定了复制权和表演权,但复制权却正是作者经济权利的核心。除此之外,第二十三条还基于"以其他方法侵害利益"的概括规定对著作权提供兜底式的保护,有些类似侵权责任法的一般条款,这一灵活性规定极大拓展了对著作权的保护范围。

### ▸ 8.1.3 权利归属、流转与作品利用

民国时期《著作权法》第五条、第九条、第十七条、第十八条和第十九条分别规定了合作作品、摄影作品、雇佣作品(出资聘人所成之著作物)、口述作品(讲义演述经他人笔述或由官署学校印刷)和演绎作品(就他人之著作阐发新理,或以与原作物不同之技术制成美术品)的著作权归属。其中合作作品著作权归各作者共有,且可被继承;刊入文艺学术著作物中之照片,如系特为该著作物而创作的,则其著作权归该著作物的作者享有;雇佣作品著作权如无特别约定,归出资人享有;口述作品著作权归讲演人享有,但另有约定或经讲演人允许的除外;演绎作品著作权由该作品作者享有。关于合作作品,民国时期《著作权法》仅要求"著作物系由数人合作"即可,现行《著作权法》予以沿用,即"两人以上合作创作的作品",但这一规定在我国台湾地区发展加入了"其各人之创作,不能分离利用"的要求。[1] 不过根据学者的解释,"不能分离利用"不仅包括创作混同、无法识别特定部分具体作者的情形,也包含可以识别但各部分分离则无法独立使用的情形;如果可以分别利用,则为学理上所称的"结合著作"。[2]

---

[1] 参见我国台湾地区"著作权法"第八条。

[2] 章忠信,《著作权法逐条释义》,五南图书出版股份有限公司2019年版,第40页。

民国时期《著作权法》关于权利归属的规则有两项较为特殊：一是文艺学术著作物可吸收专为其创作并刊入其中的摄影作品著作权，且使其保护期一并延长[1]；二是对雇佣作品采投资取得原则，即无约定时其著作权归出资人所有。对后者，我国现行《著作权法》规定："受委托创作的作品，著作权的归属由委托人和受托人通过合同约定。合同未作明确约定或者没有订立合同的，著作权属于受托人。"将前述规则与现行规定相较，可以凸显版权和作者权体系间的差异。

根据民国时期《著作权法》第三条和第十五条的规定，著作权可以转让，且采取登记对抗制，即"著作权之移转及承继，非经注册不得对抗第三人"。但民国时期《著作权法》对著作权转让后作者精神权利（著作人身权）的保留与行使，以及著作权的许可使用等均未作出规定。

至此，我们对民国时期《著作权法》的法律体系选择可做简单总结：一方面，民国时期《著作权法》虽然以反面规定的方式对作者署名权、保护作品完整权等精神权利提供了保护，但其既没有确认该行为是对作者著作权的侵害，也没有为作者提供人格权受到侵害的补救方案和独立的请求权基础；另一方面，民国时期《著作权法》的制度设计在权利流转中并没有体现著作人身权的不可让与性，又采用了著作权投资取得原则（著作权的吸收实际上也属于投资取得），且并未对作品作者和著作权人进行区分。故民国时期《著作权法》有可能只是出于保护消费者和公共利益等的需要，对侵权人课以类似行政处罚的罚金，而对著作权人精神权利的保护只是一种附带保护，著作权人并未因其而享有专有权利，而只是享有某种法益或者反射利益。

---

1　关于摄影作品保护期转化并延长的规定，详见下文"权利保护期"部分的论述。

关于合作作品的利用，民国时期《著作权法》第十六条规定，合作作品作者中的一人或数人不愿发行该作品的，如该作品性质上可以分割，则应将其所作部分去除（除外）后发行；如不能分割，则应由其他作者向其支付相应报酬（酬以相当之利益），则该作品著作权则归其他作者所有，同时不愿发行作品的作者可以决定不列名于著作物上。2020年修改后的《著作权法》中同样新增了关于合作作品利用的相关规定，该法第十四条第二款规定："合作作品的著作权由合作作者通过协商一致行使；不能协商一致，又无正当理由的，任何一方不得阻止他方行使除转让、许可他人专有使用、出质以外的其他权利，但是所得收益应当合理分配给所有合作作者。"据此，即使出于促进作品传播的目的而为其利用提供最大便利，也不可将反对者的利益彻底排斥在外；与现今相较，民国时期《著作权法》直接涤除异议者著作权的做法则未免过于严苛。

民国时期《著作权法施行细则》第八条还对孤儿作品的利用方式进行了规定，即要求发行无主著作物前必须在政府公报刊发公告，一年内无人提出异议方可发行。在2014年6月国务院法制办公布的《著作权法（修订草案送审稿）》中，同样设计了孤儿作品利用制度，即在尽力查找其权利人无果时，向特定机构申请并提存使用费后，可以数字化形式对其进行使用。[1] 但该方案未被2020年修改的《著作权法》采纳。

### ▸ 8.1.4 权利保护期

民国时期《著作权法》从主体（著作权人类型）和客体（作品类型）两方面出发，采用多个条文对作品的保护期分别进行了

---

[1] 参见国务院法制办2014年《著作权法（修订草案送审稿）》第五十一条。

规定，简言之：自然人作品为作者终身+死后三十年（第四条），其死亡后发行的为三十年（第六条），外国人为十年（《著作权法施行细则》第十四条），法人作品为三十年（第七条），匿名（署笔名或不署名）作品为三十年（第八条）；摄影作品为十年（第九条），翻译作品为二十年（第十条）。著作权的保护期均从作品最初发行之日起算（第十一条）；著作权人亡故后若无承继人，其著作权视为消灭（第十四条）。

此外作为特例，著作权保护期在两种情况下可以发生转化：一是匿名作品变为显名作品，如其保护期未满，则适用自然人作品终身+死后三十年保护期的规定（第八条）；二是如果照片被刊入了文艺学术著作物，则其著作权在该文艺学术著作物的著作权未消灭前继续存在，即保护期与该文艺学术著作物相同（第九条），著作权在被吸收的同时保护期也一并得到延长。

## ▶ 8.1.5 权利限制

民国时期《著作权法》对权利的限制规定较少，仅包含两个条文。第二十一条规定，登载于报纸杂志的事项，如果没有注明不许转载的，可以进行转载，但须注明来源；第二十八条规定，在注明原著作出处的前提下，可以节选他人著作供普通教科书及参考使用，或节录、引用他人著作，以供自己著作的参证、注释。

现行《著作权法》对转载作品则是按作品内容进行区分，规定得更为详细：通常转载作品可以不经著作权人许可，但应当按照规定向其支付报酬；如果转载的是关于政治、经济、宗教问题的时事性文章，则可以不支付报酬，但应当指明作者姓名或者名称、作品名称；如果著作权人事先声明，则不得转载。而对引用他人作品，则分为介绍、评论某一作品或者说明某一问题，学校课堂教学或者科学研究，实施义务教育和国家教育规划而编写出版教科书等情况，与该规定相似。

## ▶ 8.1.6 法律责任

根据民国时期《著作权法》第二十九条和第三十八条的规定，侵权人对同一侵权行为须同时承担三种责任：一是停止侵权，即由有权机关对侵权著作物予以没收；二是对被害人所受损失进行民事赔偿；三是依照民国时期《著作权法》第三十三条至第三十七条的规定，对不同类型的侵权行为分处相应数额的罚金。民国时期《著作权法》中的罚金类似于罚款，似乎是对侵权人的行政处罚，但从目前我国台湾地区的规定来看，著作权法中规定的罚金可以单处，也可以与有期徒刑并处，应系所谓"罚金刑"。[1] 民国时期《著作权法》将主要精力放在了对罚金的分类和定额上，对民事赔偿额的证明与计算则未作进一步规定，即主要通过罚没而非移转于被害人的方式来对侵权人因侵权所获利益进行剥夺。

同时，民国时期《著作权法》第三十一条为权利人配置有行为保全措施，即原告可请求法院对涉于假冒的著作物暂行停止其发行，但如保全错误，即此后"经法院审明并非假冒，其判决确定者"，原告应赔偿被告因停止发行所受之损失。据此，一旦法院生效判决确认被告不侵权的，原告即应赔偿采取保全措施给被告造成的损害。这一规定对"保全错误"的理解，即是否要求申请人具有主观过错，与目前的规则较为一致——《最高人民法院关于审查知识产权纠纷行为保全案件适用法律若干问题的规定》第十六条第三项规定："有下列情形之一的，应当认定属于民事诉讼法第一百零

---

1 参见我国台湾地区"著作权法"第七章"罚则"的规定。

五条规定的'申请有错误'：……（三）申请责令被申请人停止侵害知识产权或者不正当竞争，但生效裁判认定不构成侵权或者不正当竞争。"

民国时期《著作权法》第三十二条也为被告提供了较为宽泛的抗辩权："著作权之侵害若由法院审明并非有心假冒，得免处罚。但须将被告已得之利益偿还原告。"关于何为"并非有心假冒"，《著作权法详解》一书认为，其指行为出于一时的误会或者过失，并非故意侵害他人著作权；[1] 徐鸣之著《著作权法释义》认为，本条是对因过失侵害著作权的处分规定，行为出于无心而非有意，因非不法行为故不科罚；[2] 林环生著《著作权法释义》认为，其或系误会，或属无知，或有其他原因。[3] 如此理解，似仅将著作权侵权限缩为故意侵权，而如果是过失侵权，则仅须承担不当得利返还而非侵权损害赔偿的责任。如此规定极大弱化了对著作权的保护，与现今者有异。

综上，现行《著作权法》与民国时期《著作权法》在作品类型开放性、权利限制、法律责任、行为保全等制度安排上具有相似性，现行著作权法新增作品独创性要求、自动保护原则、限缩侵权抗辩事由等的规定与法律章节体例的调整则反映了著作权法理论的发展与进步，更有助于实现著作权法激励创新的立法目的；对著作人格权、合作作品、雇佣作品等规定的差异既可反映浪漫主义作者观等法哲学思潮的影响，也是对作者人格愈加尊重的体现；作品类型、著作权权项（具体利用作品的方式）、对著作权的限制（合理使用作品的方式）大量增加，以及著作权保护期极大延长等，则是

---

[1] 上海法政学社，《著作权法详解》，上海法政学社1936年版，第29页。

[2] 徐鸣之，《著作权法释义》，商务印书馆1929年版，第23页。

[3] 林环生，《著作权法释义》，世界书局1929年版，第30页。

科技发展、社会进步的集中反映。其间所映射出的文化传统、社会习惯和法学理论上的承继与变革，共同构成了现行法律制度所根植的土壤，值得我们扎下根去继续深入研究。

## *8.2*
## 2020年著作权法修改评述

十年磨一剑，我国著作权法修改方案数易其稿，终于尘埃落定。在这漫长而艰难的修法过程中，包括笔者在内的无数知产人投身其间，建言献策，饱含殷殷期盼。然本文无意回望那些争议与期许、喧嚣与孤寂，只是想在新法掀起盖头时，含着笑远远望上一眼。

著作权法的诞生与修改，总有力量推动向前：印刷技术发展和出版商的需求促使版权法诞生，启蒙运动与浪漫主义作者观催生了作者权体系，广播、摄影等技术的发展使《伯尔尼公约》不断更新，计算机软件的著作权保护被纳入TRIPS协定，互联网发展与作品飞速传播由WCT与WPPT应对，人工智能、大数据等又步入了视野……我也曾反复思考，此次著作权法修改又是由什么所推动，为了应对和解决什么问题呢？目前暂时看来，可能包含如下这些方面。

### ▸ 8.2.1 应对技术进步的挑战

计算机等技术的发展使动画片等活动画面制作早已不需要以"摄制"的方式进行，2020年《著作权法》第三条第六项用"视听作品"概念替换"以类似摄制电影的方法创作的作品"便很好地解决了这一问题，虽目前未见到对"视听作品"的立法定义，但相信其制作方式也应不再局限为"摄制"这一种，甚至不作规定；第十条第一款第五项新增作品"数字化"复制方式；第十条第一款第十一项使广播权能够控制作品的有线非交互传播行为，解决了此前对著作权人能否控制作品网络直播（实时或定时网播）的争议，但与基于《伯尔尼公约》建立的著作权权利体系又生龃龉。

## ▸ 8.2.2 回应实践中的现实需求

此次修改也为解决现实问题，对实践中产生的一些需求作出了回应。如第三条第九项将"法律、行政法规规定的其他作品"修改为"符合作品特征的其他智力成果"，实现了作品类型兜底规定的"去法定化"，满足了实践中面对层出不穷新类型作品所产生的迫切需求；实践中对合理使用的开放性也早有呼声，第二十四条第一款第十三项为合理使用增设了兜底条款，虽然需要"法律、行政法规规定"，只能算作"有限兜底"；第五十九条第二款为被诉侵权人增设了"不侵权抗辩"，这一规定似应理解为被诉侵权人可主张取得授权、合理使用、法定许可等而免责，同时其涵盖了作品的所有使用方式，与该条第一款的合法来源抗辩并不冲突，即所有作品使用者均可提出不侵权抗辩，但只有特定类型的使用者方可提出合法来源抗辩，两者是一般与特殊的关系。

## ▸ 8.2.3 对法理的承继与明确

此次修改以成文法的形式对一些长期使用的著作权法基本原理进行了肯定与明确，使实践中的运用变得依据充分、"名正言顺"。如第三条中将作品的定义修改为"文学、艺术和科学领域内

具有独创性并能以一定形式表现的智力成果"，既明确了对作品的
独创性和可感知性要求，又便于实践中进行审查和判断；新增的第
十六条划定了改编权的控制范围，也解决了由其引发的独立说、复
制说和单独赋权说的理论争议；第二十四条第一款关于合理使用的
规定吸收了"三步检验法"，既不得影响该作品的正常使用，也不
得不合理地损害著作权人的合法权益；第四十九条至第五十一条对
技术保护措施和权利管理信息的规定则来源于《计算机软件保护条
例》和《信息网络传播权保护条例》。

### ▶ 8.2.4 履行国际条约义务

还有一些修改则是受我国所加入的国际条约或缔结的双边条约
所推动，如第十二条第一款对作者和存在权利的推定似落实《中美
经贸协议》的约定，第二十四条第一款第十二项对阅读障碍者提供
作品的修改来源于《马拉喀什条约》，而第五十二条第八项对表演
者出租权的规定则出自《世界知识产权组织表演和录音制品条约》
和《视听表演北京条约》。

### ▶ 8.2.5 明确归属，定分止争

此次修改进一步明确了一些作品著作权和相关权的权利归属，
能够更为充分地促进作品利用。如第十四条第二款明确了合作作品
的利用方式；第十八条第二款第二项新增了新闻媒体特殊职务作
品；第二十条对美术、摄影作品著作权与原件所有权的冲突进行了
调和；第四十条创设了"职务表演"概念，并对演员和演出单位的
权利进行了分配。

## ▶ 8.2.6 权利保护的强化与扩张

如新增第四十五条录音制品广播权、第四十七条第一款第三项广播电视的信息网络传播权，延长摄影作品保护期，提高侵权损害赔偿额并建立惩罚性赔偿制度，增加或完善了文书提出命令、行为保全、著作权集体管理等制度。

**笔者的话**

2020年著作权法修改后，对其修改亮点进行评述的文章较多，但提炼结果各不相同，本文仅为作者个人概括。关于此次著作权法修改的相关资料，除访问中国人大网"著作权法修正"专栏[1] 外，还可参阅王自强老师《鉴往知来——我所经历的著作权法第三次修改》（知识产权出版社2023年11月版）一书，该书是对著作权法第三次修改（行政部门起草阶段）过程的全面回顾。

# 8.3

# 香港版权修法：动态与亮点

香港《版权条例》于1997年制定，此后陆续完成了六次修订。为更新版权法例以加强在数字环境中的版权保护，香港曾分别于2011年和2014年两次提出修订条例草案，但相应立法程序均未能在

---

1 网址：http://www.npc.gov.cn/npc/c1773/c1848/c21114/zzqfxzaca/，最后访问日期：2024年6月16日。

当届立法会会期届满前完成。

2021年3月公布的《中华人民共和国国民经济和社会发展第十四个五年规划和2035年远景目标纲要》首次提出，中央人民政府支持香港发展成为区域知识产权贸易中心。为向这一目标稳步迈进，同时确保香港的知识产权制度与时并进、与国际标准接轨，并符合香港的社会和经济需要，香港继续推进《版权条例》修订工作，并于2021年年底发布《更新香港版权制度公众咨询文件》（以下简称《咨询文件》）。

根据《咨询文件》，本次修订仍将以《2014年条例草案》为骨架，同时讨论或者说回应前次修订期间引起广泛讨论的四个议题，并附带介绍可作进一步研究的三个新议题，以下分别介绍。

## ▸ 8.3.1 《2014年条例草案》

《2014年条例草案》旨在更新数码环境中的版权制度，主要涵盖五项立法建议，笔者将这些建议归纳为三个方面：一是拓展权利。即为确保给予版权人的保护涵盖所有电子传送模式，而引入新的科技中立专有传播权利，实际上就是实现《世界知识产权组织版权条约》第8条规定的"向公众传播权"。二是完善责任。一方面配套建立与前述传播权利相适应的刑事责任，同时进一步澄清此前的刑事责任门槛；另一方面通过关注侵权者获悉侵权后的不合理行为及其后果，优化对民事案件额外损害赔偿（相当于法定赔偿）的考量。三是版权豁免。一方面增加教育界等临时复制及媒体转换，戏仿、评论、引用等合理使用规则；另一方面为网络服务提供者增订"安全港"（"避风港"）规则。

可以见出，这一修订方案的确带有浓厚的"数码环境"色彩："向公众传播权"和"避风港"规则在网络时代已被普遍采用，临时复制、媒体转换也频繁发生于这一环境中；而在表情包、短视频等创作飞速增长的背景下，戏仿规则则愈发值得关注。

## ▶ 8.3.2 一并讨论四个议题

《咨询文件》中一并讨论了四个议题：一是"法例尽列所有豁免"，即讨论是否应在法例中遍列所有豁免情形，实际上就是指对合理使用是采用开放式还是封闭式的立法结构，目前政府（文件中"政府"皆指香港特区政府）的立场是沿用现行法例中的封闭式结构，认为这样可为版权人和使用者提供更大的明确性；二是"合约凌驾豁免"，即当事人间的约定是否可排除（凌驾于）法例明定的豁免，目前政府的立场是维护契约自由，不干预版权人与使用者议定的合约安排；三是对"非法串流装置"，即内置网络程序、可未经授权接收作品的机顶盒等装置，鉴于《版权条例》已有多项处理网络侵权行为的条文，足以规制相关行为，政府的立场是没有必要另外专门作出规定；四是"司法封锁网站"，即向法院申请强制令，要求网络服务提供者断开侵权网站链接等，鉴于根据《高等法院条例》已可实现申请该类强制令，政府的立场是不需引入专为版权而制定的司法封锁网站机制。

对这部分议题笔者认为，在我国内地2020年《著作权法》的修正过程中，对合理使用的立法结构进行了较为深入的讨论，目前司法实务界对行为保全等的研究成果也通过相关司法解释得以反映，而对合约排除豁免则研究较少。但正如《咨询文件》所述，目前并没有实证支持使用者因合约凌驾性条款而无法使用现有的版权豁免，以致利益受损；申言之，无论是出于议价能力、政策目标、公众共识还是整体利益平衡的考虑，现在开展这一研究均缺乏足够样本。

### ▶ 8.3.3 可进一步研究的新议题

《咨询文件》还附带提出了三个可进一步研究的新议题：一是延长版权保护期限（如至70年），二是就文本及数据开采引入特定的版权豁免，三是人工智能与版权。笔者认为，这些新议题充分映照出大数据与人工智能的时代背景，数据采集、存储、分析过程中的版权问题，人工智能创作物的版权问题等也正是我们当下研究的热点。

### ▶ 8.3.4 作者最为关注的话题

从《咨询文件》可见出，香港虽属普通法系（英美法系），此次修法主要参考的也是该法系国家的立法情况，但因同处国际知识产权条约体系中，其修法目标及具体制度安排实际上与中国内地法律，尤其是2020年修正的《著作权法》规定差异不大。

在香港本次修订方案中，应该说从2014年修例方案公布开始，笔者最为关注的始终是其中关于戏仿的规定。这主要是因为我们对戏仿的研究还不充分，曾一度停留在介绍美国"转换性使用"理论的层面（笔者同时认为美国通过判例形成的该理论也并不是那么清晰，至少许多中文译本教科书中的介绍都没有形成足够清晰准确、完整可信的体系），但对这一制度在网络发达、创意激增、短视频等"二次创作"爆发的背景下如何运用于本土的社会经济环境中，以及其与现行的合理使用制度如何兼容与调和，并用于指导实践，尚缺乏足够的研究。而在司法实践中，此类案件已逐渐增加，比如此前的"葫芦娃诉福禄娃"案，就是一个可供研究的有趣案例。

反观香港修例中的方案设计，将戏仿创作物详细区分为戏仿作品、讽刺作品、滑稽作品和模仿作品，在尚无法律定义的情况下，《咨询文件》暂用《简明牛津英语词典》（2012年第12版）的定义界定如下：（1）戏仿作品：仿效某作家、艺术家或某类作品的风格，故意夸张，以营造滑稽的效果；对某事物作出滑稽歪曲。（2）讽刺作品：运用幽默、讽刺、夸张或嘲弄的手法，揭露和批评人的愚昧或恶行；运用讽刺手法的戏剧、小说等。（3）滑稽作品：夸张地描绘某人的明显特征，以营造滑稽或怪诞的效果。（4）模仿作品：在风格上仿效另一作品、艺术家或某时期的艺术作品。据《2014年条例草案》，在判断戏仿是否属于"公平处理"（合理使用）原作时，还须接受"四因素检验法"的检验，这与《著作权法》第二十四条对作品合理使用"列举+三步检验法"的模式相同。

《咨询文件》认为，这些创作手法是市民经常用作表达意见和评论时事的工具，通常具有批判或转化意味，不大可能与原作品竞争或取代原作品；同时，此类作品鼓励创意，培育人才，对社会整体经济及文化发展有所裨益，且有助促进表达自由。

香港因应数字时代社会发展和区域知识产权贸易中心建设需要，正通过不断修订版权法例等措施稳步前行。《咨询文件》对戏仿、媒体转换、侵权赔偿考量等的制度设计，值得我们进一步关注和研究。

**笔者的话**　　香港《2022版权（修订）条例》已于2023年5月1日开始实施，所作修改包括新增科技中立的"专有传播权利"、安全港、额外损害赔偿、版权豁免（其中包括戏仿）等。如需进一步了解，可访问香港特区政府知识产权署官方网站（www.ipd.gov.hk）查阅条例全文、解说及立法会资料。

# *8.4*
# 数字浪潮中的一座灯塔

技术的飞速发展使作品的存储、传播和利用方式等均发生了极大转变，数字时代也给法律与社会提出了一系列新的问题，《所有权的终结：数字时代的财产保护》一书正是在这一时代背景下对作品保护的法律与社会互动的一次精妙描述与阐释。该书由美国学者亚伦·普赞诺斯基和杰森·舒尔茨所作，赵精武翻译，北京大学出版社2022年3月出版。

## ▶ 8.4.1 一条主线

该书讨论的核心问题可由其标题体现，即数字时代财产保护模式发生重大转变，传统所有权模式已被侵蚀、即告终结。引发这一问题的主要原因在于，消费者与所购产品之间的关系已发生转化：消费者不再能够占有和控制其所购的数字副本——要么根本不会取得副本，要么即使购买了包含数字副本的硬件产品，也只是受许可使用。

## ▶ 8.4.2 三个原因

推动这一转化的原因可以概括为技术、法律和市场三个方面。一是技术方面，每次技术变革均会带来信息传播模式的改变，导致控制作品传播的版权法也会随之调整，数字时代尤是。在数字时代到来之前，消费者可以对作品载体进行物理上的占有，可以使用，也可以转让，故此时便确立了版权法上的重要规则，即权利用尽原则；随后在硬拷贝时代，数字副本通过磁盘、光盘等介质传递，公众也可以对载体进行占有；到了云服务时代，作品已不再需要单独载体，而是储存于云服务器中，公众可以将其下载到个人电脑硬盘；而在现在的流媒体时代，公众仅需访问信息流，而不再制作作品的副本。此时，公众不再占有副本，接触和访问也需要获得权利人许可。二是法律方面，数字时代基于对版权的保护和契约自由原则，公众接触和使用作品需要权利人许可，而这一许可一般是单方面提供的格式条款，内容可以任意约定，如限制使用方式，约定提供方可以单方变更（包括事后变更）和任意解除等。同时因为消费者不再拥有作品载体，而只是被授权接触作品，故权利用尽原则也不再有生存空间。此外，权利人对数字版权管理（DRM）技术措施的大规模使用和版权法对该措施的严格保护也使公众的合理使用、个性化修改等难以为继。三是市场方面，许可模式增加了竞争者的控制力与竞争力，备受其青睐；而许可合同往往复杂冗长，消费者难以理解，提供者采用的诱导性表述也会使消费者对其付款后享有的权利产生错误认识。

### ▶ 8.4.3 多种后果

该书列举了这一问题所引发的多个后果：如新的许可和交易模式使消费者产生困惑，复杂的财产规则造成获取信息的成本增加；图书馆不再能享受权利用尽原则的红利，而要受权利人的限制；数字版权管理的控制为合理使用及创新增添障碍，且该技术措施保护了物联网中智能设备的控制系统，使权利人可以获取消费者的使用信息并控制消费者使用设备的方式；除版权外，专利权的权利用尽亦告终止……总之，伴随普通法中财产权的控制力逐渐丧失，权利用尽原则的消解接踵而至，消费者获取信息的成本增加、产生大量外部性成本，可以在何种程度上使用作品乃至包含作品的设备将由提供者来决定，并产生价格和地理歧视，也成为限制竞争的利器。

### ▶ 8.4.4 干预措施

作者在该书中构想了几种对该问题进行干预的措施，如避免虚假的所有权承诺、限制格式合同、防止数字版权管理措施的滥用、复兴权利用尽原则，直至重塑版权法。同时注重技术在这一问题中扮演的角色，引入区块链等技术有助于解决问题。

### ▶ 8.4.5 几点评价

掩卷沉思，笔者深深感受到，在数字浪潮的席卷下全球所面临的问题大多是共通的。

具体而言，一是面临的法律问题是共通的。如书中提到的各国法院基于版权保护和契约自由而对许可条件的保护、对权利用尽的否认、对数字版权管理措施的保护等。现阶段下，这更多是由立法所决定的。香港特区《咨询文件》中一并讨论了四个议题，其中便包括"合约凌驾豁免"，即当事人间的约定是否可排除（凌驾于）法例明定的豁免，而特区政府的立场是维护契约自由，不干预版权人与使用者议定的合约安排；笔者在当时评价时亦认为目前并没有实证支持使用者因合约凌驾性条款而无法使用现有的版权豁免以致利益受损，无论是出于议价能力、政策目标、公众共识还是整体利益平衡的考虑，开展这一研究均缺乏足够样本。现在看来，这一问题的提出还是非常具有前瞻性与远见的。

二是对问题的忧虑及尝试解决的努力也是共通的。如本书中《互联网环境下物权与著作权的再调和》一文提出，在物的使用方面应进一步拓展作品附带使用规则，引入"非替代性使用"进行判断，在物的处分方面应针对物的交易流转，创建吸收规则；在《NFT与数字版权实践》一文中则提出，在NFT能够保证数字作品复制件"非同质化"，即确保特定、弥封与溯源的情况下，可以使发行权用尽这一原本运用于作品有形载体的规则得以拓展至被特定化的无体物，同时将"发行"拓展至无物质载体的、依凭信息网络的情景中。当然，笔者只是就事论事，讨论了数字时代个案中可能会出现的具体问题，没有像该书一样进行体系化思考——这一点十分值得笔者学习。

该书体系完备、视角全面、论证充分，文笔平实、翻译质量较高，对背景知识介绍较为详尽，阅读轻松易懂。本文仅简单概括了笔者个人对该书的理解，亦仅反映了笔者个人关注和感兴趣的议题，该书的精妙之处还有待读者自行发掘。回到本文的标题上来，灯塔往往有两项功用，一是指引航向，二是提示危险，该书便同时具备了这两项功能，可以成为数字浪潮中的一座灯塔。同时，我们也显然还需要更多灯塔。

**笔者的话**　　读者可能会发现，上文介绍的这本书实际上与下文将介绍的另一本书是密切相关的——两者均反映了技术与著作权法进行的复杂互动。这本书的可贵之处在于，在席卷而来的数字浪潮中，作者思考的不是如何增加著作权法的保护对象、拓宽权利范围、延展保护手段，而是在详细分析现状后发问：提供激励与社会公益这天平的两端是否依然平衡？提供的保护会不会太多了？

# 8.5
# 技术变革中的著作权之道

近日笔者有幸拜读了美国斯坦福大学保罗·戈斯汀教授所著的《著作权之道——从印刷机到数字云》（以下简称《著作权之道》）一书，由金海军教授翻译，商务印书馆2023年出版。该书一方面基本上按照时间顺序梳理了影响美国版权法发展变革进程的重要案件，另一方面介绍了著作权的形而上学、著作权思想史、著作权文化等重要观念。作者极佳的文笔不但使两条主线和谐统一，且融入大量信息点和若干重要观点与命题，更难能可贵的是能够使本书像小说一样读之畅快、引人入胜，可以说是2023年关于著作权法不可多得的一本好书。

而从该书的副标题可以看出，从机器印刷到电影、摄影，从无线电到互联网，从数字云到流媒体、元宇宙，直至当下的人工智能与AIGC，技术变革始终是影响全球著作权法发展的关键因素之一。这一影响是如此的深入、如此的全面，给立法、司法和社会生活都带来不断演进的深刻变革（该书原著第2版成书于2019年，如果完结在当下，恐怕又要再加上一章讨论人工智能相关问题了）。

## ▶ 8.5.1 观点与延伸

在该书的最后一章，也是第2版新增的一章中，作者在回顾著作权发展历程后立足当下，提出了一个极为重要的观点，即认为应当区分因技术发展而诞生的新类型技术对象与原有作品出现的新的技术用途，对于前者应当拒绝诱惑，不能仅仅因为著作权法是知识产权法中最具包容空间的规则而默认著作权的扩张，而对于后者则应当在交易与执法成本允许的情况下，迅速扩大著作权以涵盖这些用途；作者还将其概括为，谨慎选择著作权的对象，但应当将权利扩展至每一个具有经济价值的方面。

这一观点可能会受到著作权文化与政治经济形势等的影响，但其中指明的问题让人深有所感。目前在我国由技术发展带来的新问题正给司法实践带来极大挑战，在近期的一些案件中，对某类客体能否受到著作权法保护，甚至是否属于著作权法未明确列举的新类型作品等，全国不同法院，包括同地上下级法院之间观点都存在较大分歧。而上述观点则基于著作权法的历史标准，为我们建立著作权法体系内自洽的内部循环提供了参考。

## ▸ 8.5.2 内部循环与外部循环

而在内部循环之外自然还有外部循环，那便是反不正当竞争法。对难以进入著作权法内循环的客体能否利用反不正当竞争法保护，则是另一个重要问题。但这已不是一个新问题了，"保护冲动"与"向一般条款的逃逸"等批评的声音也一直存在，在今日，这一问题的解决方案，即反不正当竞争法一般条款的边界仍不是那么清晰。对此，孔祥俊老师提出的"有限补充保护说"等学说和董晓敏老师撰写的《〈反不正当竞争法〉一般条款的适用》[1]等著作能在一定程度上提供帮助，但随着技术变革带来复杂案件的增多，问题的答案还远未明晰。

著作权法内循环意在厘清何种客体可受著作权法保护，而著作权法的外循环则需要回答为什么著作权法不保护的客体应由反不正当竞争法保护。陈锦川老师在近期的一次研讨会上也提出了同样的疑问，

---

1　董晓敏，《〈反不正当竞争法〉一般条款的适用》，知识产权出版社2019年版。

一方面，并不是付出劳动、付出投资的智力成果都应该给予保护，如果给予保护，那么专利法、商业秘密法还有著作权法对相关客体的保护要求还有什么意义？另一方面，反不正当竞争法本质上不是权益保护法，而是以竞争行为为调整对象的。[1] 笔者深表赞同。

### ▶ 8.5.3 对当下的启发

读罢《著作权之道》后给我的启发之一是，在著作权法的内循环中分析对两类对象进行区分的必要性，而在著作权法的外循环中则应当仔细梳理，究竟如何判断竞争机制的扭曲和市场秩序的破坏。《著作权之道》一书从历史与技术等角度主要阐述了前一问题，而对后一问题，尤其是在讨论市场与公共生活（包括其中隐含的功利主义、自由主义、中立性、道德与良善等宏大命题）的关系时，笔者认为迈克尔·桑德尔教授的《公正》和《金钱不能买什么》等著作可能会提供助益。畅通内外循环，保护方无碍矣。

> **笔者的话** 技术往往决定了作品呈现样态、储存方式、传播途径等，与著作权法通常形成一种紧张与互动的关系。时值2024年，伴随技术飞速发展，人工智能、NFC与区块链、大数据、算法与算力等正成为当下的热门话题，也不断给著作权法带来挑战。在实务界往往会听到两种论调，要么认为传统著作权法已不适应当前技术变革与社会发展，相关理论亟待修正与更新；要么始终抱有保护冲动，频繁启用《反不正当竞争法》一般条款。然而，性能再好的引擎，也还是会需要冷却剂的；退热之后再回首，可能会发现不同的答案。

---

1 陈锦川，《在作品中使用他人作品元素的不正当竞争之思考》，网址：https://mp.weixin.qq.com/s/7GL_dNDjAYHGfpSNZTHj7A，最后访问日期：2024年6月14日。